もしここが天国だったら？

あなたを制限する信念から
自由になり、本当の自分を生きる

What If This Is Heaven?
How I Released My Limiting Beliefs and Really Started Living

アニータ・ムアジャーニ 著
奥野節子 訳

ナチュラルスピリット

WHAT IF THIS IS HEAVEN?
by Anita Moorjani

Originally published in 2016 by Hay House Inc.
Japanese translation rights arranged with Hay House UK Ltd, London
through Tuttle-Mori Agency, Inc., Tokyo

Tune into Hay House broadcasting at:www.hayhouseradio.com

ウエイン・ダイアー博士に捧ぐ

あなたの音楽を高々と奏でてくれたことに感謝します。
心を静めると、今もあなたの歌声が聞こえてくるようです。
きっと、これからも多くの人たちの人生に影響を与えることでしょう。
友よ、あなたは人々の心の中で永遠に生き続けます。

この世に生まれた時、
私が知っていたのは、愛すること、笑うこと、自分の光を明るく輝かせることだけでした。

でも、成長するにつれて、世間の人から笑うことをやめるように言われたのです。

「この世で成功したければ、人生を真剣に受け止めなければいけない」と。

だから、私は笑うのをやめました。

「傷つきたくなければ、誰を愛するかには注意しなさい」とも言われました。

だから、私は愛するのをやめました。

さらに、「あなたの光を明るく輝かせてはいけません。さもないと、みんなの注目を浴びてしまうから」と言われました。

だから、私は輝くこともやめました。

私はどんどん小さくなり、どんどん弱っていき、やがて死んでしまいました。

そして死の扉を超えた時、人生で重要なのは、愛して、笑って、自分の光を明るく輝かせることだけだったとようやくわかったのです。

アニータ・ムアジャーニ

はじめに

今生きている場所が天国(あるいはニルヴァーナ)であると、突然わかったとしたらどうしますか? あなたはきっと、私がおかしなことを言っていると思っているでしょう。「もしここが天国なら、なぜ私には地獄のように感じられるのでしょうか?」と言う人もいるかもしれません。その気持ちはよくわかります。なぜなら、私も子供の頃にいじめられ、自分ではどうすることもできない肌の色や人種のせいで差別を受けた経験があるからです。そして癌になってからは、耐え難い痛みや恐れに襲われて、再び地獄のような気持ちを味わいました。

でも、どうか少しだけ、私にお付き合いください。

もし私の人生がいつも地獄のように感じられた理由が、自分はとても強力で、どんなことでもできるということを知らなかったからだとしたらどうでしょうか? 私には人生について教えてくれる人もいなければ、人生の手引書のようなものもありませんでした。私にとって人生とは苦しみであり、私はとてつもない恐れを抱きながら大人になったのです。人生とは自分に降りかかってくるもので、自分は人生の犠牲者だと信じ、自ら人生を創造するのではなく、ただ状況に反応していただけでした。私の自尊心を大きく傷つけた子供時代のいじめや差別は、一体誰が生み出したのでしょうか？　女性は男性よりも劣っているとまだ信じている社会に、女性として生まれてくる選択をしたのは誰でしょうか？　死に至るような癌という病を私の身体に生み出したのは誰でしょうか？　言うまでもなく、私は自分の境遇の犠牲者でした。少なくとも、そう思っていました——自分が死を経験するまでは。

私の体験談のほとんどは、『喜びから人生を生きる！』（ナチュラルスピリット）に書かれています。この本は、ベストセラー作家のウエイン・ダイアーが私の物語を公の場で紹介し、本を書くようにと励ましてくれたのをきっかけに生まれました。彼は二〇一五年八月に亡くなりましたが、最後まで私を応援し続けてくれました。彼が私の人生に関わってくれたことはまさに神の采配によるものであり、大きなタペストリーの一部でしょう。このすばらしい男性のおかげで私の人生に起こったあらゆることに、心から感謝しています。

最初の本を書いた時、二作目を書こうなどとは夢にも思いませんでした。すでに私の人生、特に末期癌によって臨死体験をしたという回想録については書いてしまったからです。その中で、臨死体験中に私が得た学びについても紹介しました。これ以上何を書けばいいというのでしょうか？　私の人生における興味深い部分は最初の本にすべて書かれてあると、私は心底思っていました。

ただ、よく考えてみれば、臨死体験によって与えられたすばらしい洞察の一つは「私たちが天国のような現実を創るにはどうすればいいのかを理解すれば、今生きている人生が天国になる」ということでした。臨死体験中に私がこの世に戻る選択をしたのは、天国とは特定の場所を意味するのではなく、存在のあり方にほかならないとわかったからです。私は、この人生が天国になるのを身をもって経験したいと思いました。この現実のすばらしい真実を体験し、かつて経験した恐れや不安や苦しみの人生を変えたかったのです。今この瞬間、ここで天国を生きたいと私は心から願いました。

臨死体験後の苦悩

臨死体験中は、すべてが明瞭で簡単に思えました。けれど、臨死体験中にわかったことを人生に活かそうとした時、特に他人との付き合いにおいては何度も壁にぶつかりました。現実を構成するものについての私の考えが大きく変化してしまい、ほとんどの人が持つ世界観とはまったく異なってしまったのです。

もう一度社会に属したいという気持ちから、私の考えに同意しない人たちに譲歩しようとすることもありました。ちょっと油断をすると、承認を得ようとして本当の自分を抑圧したり、向こう側の世界で学んだことを無視してしまい、そのたびに無力感に見舞われました。「自分は無敵であり、人生の創造者である」というすばらしい感覚は失われて、昔の思考パターンや行動が蘇り、私のビジョンを曇らせ始めるのです。自分のハートの声に耳を傾けず、他人に合わせて彼らのリズムでダンスする選択をすると、〝正しいことをしていない〟という恐れや他人をがっかりさせることへの心配が現れてきます（同じような経験をしている人は多いはずです）。私は新たな不安に支配され、やがて途方に暮れてしまいました。それは、世間に合わせることと天国を創造することの間で、常にどちらかを選択するよう迫られているような感じでした。

同時に、『喜びから人生を生きる！』を執筆したおかげで有名になり、私の体験に感動した人々からたくさんの手紙やメールを受け取るようになりました。そのメッセージを読んで、私は喜びと感謝の涙を流しました。多くの人が、私の話は自分の話でもあると感じてくれていたのです！私が彼らのハートやマインド、魂を表現しているように思えたのでしょう。

このようなものすごい反響はまったく予想外で、自分の体験が人々にそれほど深く届くとは考えてもいませんでした。さらに、講演会のほか、ラジオやテレビに出演するチャンスにも恵まれました。イベントの後には、人々はもっと多くのことを知りたいと、私の体験や彼ら自身についてのたくさんの質問を浴びせてきました。自らの病気と直面している人、愛する人が病気や死と向き合っている人もいれば、人間関係やお金の問題で苦しんでいる人もいました。彼らはこのような人生の試練の中にいながら、私が経験した天国の一端を自分の人生にもたらす方法を学びたいと願っていたのです。

私の本に対する読者の反応は圧倒的にポジティブなものでしたが、そのような注目を浴びたことで、私は自分の人生という旅についての新しい、より深いレベルの気づきへと導かれました。そして、公の場にいない時には一人の時間を過ごすことが、以前にも増して大切になっていきました。一人でいる時はいつも、自分の思考を鎮めて、臨死体験中に経験した状態へと戻ります。それは純粋な意識の状態であり、すべてはつながっていると実感できる状態です。臨死体験中は、私の死に直面した家族の悲しみや苦痛なども含め、他人の感じているすべてが自分の感情のように感じられました。でも今や、経験しているのは私の家族の苦しみだけではありませんでした。手紙やメールを通して人々が分かち合ってくれたすべてのストーリーを読みながら、私のハートは全世界の苦しみを感じていたのです。

自分の町や教会、僧院や自宅を訪れてほしいというリクエストもたくさんやってきました。多くの人が、私と話をしたいと思ってくれていたのです。私もみんなを助けたいと願っており、それをできないことが私を苦しめました。どんなにたくさんの人と話しても、どれだけ多くの手紙に返事を書いても決して十分ではなく、常に私が応じ切れないことがたくさん残っていたのです。

私は人々の苦しみを感じると同時に、みんなを助けられない自分の痛みを感じていました。その痛みに圧倒されてしまうことさえありました。そして、徐々に私自身の喜びが失われていき、もうこんな状態は続けられないとわかったのです。私の本は人生に喜びをもたらす方法を伝えるのが目的でしたが、私自身が他人の苦しみを感じてばかりいたら、どうして世の中に喜びをもたらすことなどできるでしょうか?

どうしたら癒せるのか

ある日、自宅から近いお気に入りの浜辺に行きました。私はそこで砂の上に座り、香港島と中国本土を隔てている海を眺めていました。その日は曇り空で、太陽は隠れていました。この場所は、悩みがあるといつも、自然を感じるために訪れていた場所です。自然の中、特に海の近くにいると、全宇宙とつながっていることが身体で感じられ、あらゆるものが調和しながら動き、人生という巨大なタペストリーを織り上げているとわかるのです。自然の中にいれば、どんな質問であろうと必ず答えを受け取ることができました。その答えは風の囁きや水の音、あるいは木々の枝や葉がカサカサいう音と一緒にやってきます。ですから、その日も私は砂の上に座り、海と空を眺めながら心の中で宇宙に話しかけました。

「私は死から生還しました。一体これからどうしたらいいのでしょうか？　私の胸は今にも張り裂けそうです。こんなちっぽけな私が、どうやってこんなにもたくさんの人を、そして自分自身を助けられるのでしょうか？　向こう側の世界にとどまっていたなら、もっと多くの人を助けられたかもしれません。でもここでは、助けられない人たちのことを思って胸が苦しくなるだけです。なぜ自分はこの世に戻ってきたのですか？　どうして私はこんな心痛に耐えなければならないのですか？　なぜ世界にはこれほど苦悩があふれているのでしょうか？」宇宙にすべてをゆだねてこのような質問をしながら、涙が頬をつたいました。

すると突然、囁き声が聞こえました。それは本当の声ではなく波の音からやってきたように思えるもので、その音が私のハートと共鳴しました。「臨死体験からあなたが学んだ一番のメッセージは何ですか？　最初の本にどんなメッセージを書きましたか？」と、その声は尋ねました。

「自分自身を無条件に愛するということです。そして、ありのままの自分になること、自分の光をできるだけ明るく輝かせるということです」と、私は答えました。

「そう、あなたがすべきことはそれだけです。それ以上、何も必要ありません。ただ自分自身を無条件に愛して、ありのままの自分でいればいいのです」

「けれど、私たちの住む社会は、そのような考え方や感じ方を受け入れてくれません。この世は天国どころか地獄のような感じさえします」と、はるか向こうの岩に波がぶつかって砕ける様子を眺めながら私はその見えない声に挑戦しました。「私の周囲の人たちは、日々多くの難問に直面しています。自分を愛することによって、どうやって彼らを助けられるのかわかりません！」

「自分自身を愛し、自分の本当の価値を知っていれば、できないことや癒せないものは何もありません。あらゆる医学的見解に反して末期癌を癒した時、あなた自身がこのことを学んだはずです。癌は、あなたが自分の価値に気づいた時に治ったのです」

まったくその通りでした。悪性リンパ腫にかかるまで、私の人生は恐れでいっぱいでした。でも、自分を愛することを学んだことで、私の人生は救われたのです。とてもシンプルなことなのに、苦しんでいる人たちに伝えるのはどうしてこんなに難しいのでしょうか？　そして、手に入れたこの学びを私がいとも簡単に失いそうになるのはなぜでしょうか？

「自分の持つ真のパワーを信じていない人たちや経験したことのない人たち——この世のほとんどの人がそうですが——に囲まれていると、私たちはその真のパワーをつい忘れてしまいがちなのです」まるで私の思考を読んでいるかのように、その声は答えました。

「もし他人が感じていることや望んでいることに注意を向け続けるなら、あなたは再び恐れの世界で自分を見失ってしまうでしょう。それはあなたの望んでいることではないはずです。

思い出してください。あなたが唯一すべきことは、自分自身を愛し、自分を尊重して、その自尊心や自己愛を体現することです。そうすれば、あなたは愛そのものになるでしょう。それこそが、自分や周囲の人たちへの真の奉仕です。自分がいかに愛されていて価値ある存在であるかを理解したことで、あなたの癌は治ったのです。同じように、その理解がこの世で天国のような生活を創造する助けとなるでしょう。世の中の問題で自分を見失っていれば、誰の役にも立てません。ですから、挫折感を抱いたり迷いが生じたような時は、『自分のどこを愛せないのだろう？どうすれば、もっと自分を大切にできるだろうか？』と自問する必要があるでしょう」

これこそ私が臨死体験中に学んだことであり、私を癒してくれたものでしたが、私はすっかり忘れていたようです。他人の苦しみの中で自分自身を見失い、起こったことの強烈さにショックを受けていたのでしょう。その瞬間、自分が尋ねたすべての質問に対する答えを知っているように感じました。波の囁きが教えてくれたことはとてもシンプルながら、非常に深遠なことでした。

この経験はまた、私たちが真の目的に注意を向けることをいかに簡単に忘れがちか、そして、自分の存在を正当化するために、自らが生み出すドラマという蜘蛛の巣にいかに捕らえられてしまうかをはっきりと示してくれました。自分を取り巻く周囲の優勢な考えにひとたびどっぷり浸かってしまうと、このようなことが起こるのだと私は理解しました。

砂の上に座り、「あなたが唯一すべきことは、自分自身を愛し、自分を尊重して、その自尊心や自己愛を体現することだけです。そうすれば、あなたは愛そのものになるでしょう。それこそが、自分や周囲の人たちへの真の奉仕です」という言葉を心の中で何度も繰り返していると、身体中が疼き、背筋がゾクゾクしてくるのを感じました。

私は海の向こうを見てから静かに目を閉じ、感謝の気持ちで両手を胸の上に置いて「ありがとうございます。やっとわかりました」と言いました。そして立ち上がり、家路についたのです。私は新たな目的と方向性を感じてワクワクし、自分の人生は展開すべきように展開していくという確信を得ました。元気が湧いてきて、再び宇宙とつながったような気がしました。そして、自分自身に誠実でいて、宇宙とのつながりに気づいている限り、すべてがシンクロしながら展開していくとわかりました。

この本で探求すること

世界中の人々のハートの痛みを感じ、すべての人に喜びをもたらしたいと強く願った結果として、私はこの本を書きたいという気持ちになりました。本書では、当然のものとして受け入れられている社会通念（神話）の誤りを一つひとつ暴いていきます。それらは私たちが生まれ育った社会に広がっている有力な考えであり、本当の自分を生きづらくしているものにほかなりません。私が浜辺で宇宙に話しかけた時にハートを解き放つシンプルな真実を思い出せたように、あなたもこの本を読みながらハートの奥ではわかっていた真実と共鳴し合い、私と同じ自由や喜びを感じてもらえるようにと願っています。

人は誰でも、生まれた時は本当の自分を知っています。けれど、成長過程で社会に合わせるように努力し、社会の規範を受け入れるにつれて、本当の自分を拒絶するようになります。外側に導きを求めることを学び、そうする中で他人の期待に沿って生きるようになるのです。そして、このような外部の期待にすべて応えられないと、「自分は欠点のある不適格者だ」と感じるようになります。

つまり、私たちが自分の価値を考える際の根拠となっている信念は、まったく真実ではないということです。どんなに多くの自己啓発セミナーに参加しようと、どんなにたくさんセルフヘルプの本を読もうと、自分自身の外側に答えを探しているだけです。それは何の役にも立たないばかりか、邪魔になってしまうのです！　これらの社会通念が自分の思考に与えている嘘をあなた自身が明らかにするまで、この破壊的なパターンは変わりません。

本書では、多くの人が真実だと信じている社会通念の一つひとつに焦点を当てて、それがいかに世の中に浸透しているかを明らかにします。そして、それが誤った社会通念であったことを私がどのように発見し、自分にとっての真実をどのように見つけたかについて、私自身の体験を交えながらお話しします。また、各章の終わりにある「今ここで天国を生きるためのヒント」では、その章で調べた社会通念の背後にある隠れた真実について述べています。さらに、誤った社会通念に背を向けて本当の自分を生きることができるように、この条件づけを乗り越える方法についても説明しています。

この数年間がとても楽で快適なものであったなら、おそらく私はこの本を書いていなかったでしょう——少なくとも、こんなに早い時期には。ですから、皆さんにお礼を言いたいと思います。あなたの人生を分かち合い、私に対してハートと魂を開いてくれて、本当にありがとう。私と心を通わせてくれた一人ひとりのおかげで、この本が誕生しました。私たちはみんなつながっており、私はあなたが感じていることを感じています。この本は、私からあなたへ、私のハートからあなたのハートへの贈り物です。

もしここが天国だったら？　目次

もしここが天国だったら？

chapter 1

誤った社会通念❶──したことが自分に返ってくる

肌の色が浅黒く縮れ毛だったせいで、「サンボ、サンボ、ちびくろサンボ！」と子供たちはグラウンドで私を取り囲んでバカにしました。〝ちびくろサンボ〟とは授業中に読んだ童話の主人公で、肌の黒いインド南部の少年のことです。このような残酷ないじめに耐えることが、英国系の私立学校で学ぶという特権を得たことへの報いでした。

いじめっ子たちに取り囲まれて、当時八歳だった私はうろたえ、当惑や恥ずかしさで真っ赤になり、どうしていいのか途方に暮れるばかりでした。「なぜこんなことをするのだろう？　黒くて髪が縮れているのは私のせいじゃないのに。一体どうすればいいの？　言い返せばいいの？　それとも、殴りかかるか、先生に言ったほうがいいの？」と思い巡らしながら、私は自分の無力さを痛感していました。

身動き一つできずにいた私は、休憩時間の当番の先生を目で探しました。やっとグラウンドの反対端にいる先生を見つけましたが、あやとり遊びをしている子供たちと一緒で、私には気づいてもらえそうにありませんでした。そもそも何百人もの子供たちが縄跳びやキャッチボールをしている騒々しいグラウンドで、私の声が聞こえるはずなどなかったのです。その上、いじめっ子たちは用意周到に、先生からずっと離れた場所を選んでいました。

涙をこらえながら、私は包囲網を突き破って逃げようとしました。でも、少女たちは包囲網を緩めるどころかぴったりとくっついて、逃げられないように私のリュックを引っ張りながら、グラウンドの隅の校舎の石壁まで私を連れていったのです。

六人のいじめっ子たち

雷のとどろきとともに空が真っ二つに割れ、テレビ番組のスーパーヒーローが飛んできていじめっ子たちを打ちのめし、私を救い出してくれたらとどんなに願ったことでしょう。それほど大げさなものでなくてもいい、たとえばいじめっ子のうちの一人が私をかばって仲間を敵に回してくれたら……とも思いました。私はその瞬間に起こってほしい選択肢をあれこれ想像しましたが、悲しいことに何一つとして実現しませんでした。

壁に背中を押しつけられ、私は六人のいじめっ子から見下ろされるように立っていました。彼女たちは私よりずっと背が高かったので、外から私の存在は見えなかったに違いありません。脚を蹴飛ばして逃げ出そうとも考えましたが、結局私にできたのは、彼女たちからできるだけ離れるためにもっと壁に身体を押しつけることぐらいでした。私は目をつむり、ひどいことをされるのをただ待っていたのです。突然、一番背の高いリネットという少女が私のリュックの肩紐を掴んだかと思うと、両足が地面から浮くほどぐいっと持ち上げました。私はなんとかつま先でバランスをとりました。すると、彼女は私の目をまっすぐに見て、「サンボ、あんたのお昼代をよこしなさい！」と言ったのです。

とうとう私は我慢できずにすすり泣き、涙が頬をつたいました。その朝父がくれたお金をリュックから取り出せるようにリネットが手を緩めた時、私は自分がひどく震えているのを感じました。そして、小銭をリネットに渡そうとした瞬間、休憩時間の終わりを告げるチャイムが鳴りました。リネットが私の手から小銭をひったくると、他のみんなは背を向けて校舎の入り口の方へ走り始めました。きっと何もなかったように残りの時間を過ごすのでしょう。彼女たちが走り去った後、私はヘナヘナと地面に座り込んでしまいました。涙がとめどなくこみ上げてきて、しばらくその場から動けませんでした。

場違いな黒い顔の人形

香港が英国の植民地だった時代に、インド人である私が英国系の学校で学ぶというのは異例のことでした。母親に連れられて入学の面接に行った時のことは、今でも覚えています。短髪の怖そうな女性の校長先生で、彼女の態度からはっきり伝わってきたのは、この権威ある学校で学べるチャンスを与えられて私はとても幸運であり、その恩恵に感謝すべきだというメッセージでした。

入学してからは、他の子供たちに〝ちびくろサンボ〟というあだ名でいじめられただけでなく、〝ゴリウォーグ〟と呼ばれたこともありました。ゴリウォーグは肌が黒く縮れ毛で、赤い大きな唇と大きな目をした児童書の主人公です。さらに、私はクラスでも成績がよかったので、先生のご機嫌取りだと言われることもありました。子供たちは私のロッカーをこじ開けて新しい色鉛筆などを盗み、自分たちには何でもできることを証明しようとしました。このような目に遭いながらも、私はとても恥ずかしがり屋で内気だったために一度もやり返すことはなく、いつも恰好の標的になっていました。

時にはいじめに耐え切れなくなり、学校の狭いトイレの中に隠れて涙が枯れるほど泣くこともありました。家で泣きながら眠りについた夜も数え切れません。私は真っ暗なところへ追い込まれ、逃れる術などないように感じていました。ですから、成績はよかったものの、学校は死ぬほど大嫌いでした。

私は肌の色が黒いのは恥ずかしいことだと感じていたので、他の子供たちからの嘲りに当惑していました。さらに、彼らが自分をいじめるのは私の行動や発言に悪いところがあるからだと信じていました。でもどんな行動や発言が問題なのか、自分のどこを直せばいいのか見当もつかず、やがて、自分は負け犬で他の誰よりも劣っていると信じるようになったのです。

自分がすべて悪いと思っていたので、いじめられていることは先生にはもちろん、両親にさえ打ち明けませんでした。特に、私が学校でうまくやっていると思っている父や母をがっかりさせたくないという思いがありました。いじめを報告して相手をもっと怒らせ、仕返しされることを恐れていた部分もあったかもしれません。

私の重荷になったもう一つの要因は、女性は男性よりも劣った存在だと考える文化の中で育ったことでした。このような差別に、私は小さい頃から気がついていました。私をいじめたのは女の子ばかりだったのでこのことは直接的にはいじめと関係ありませんが、私が不当な扱いを受けた別の状況の中で、自尊心をますます低くする原因の一つとなりました。

リヤーナの裏切り

その年のある時期、私は一学年上のリヤーナというインド人の少女と友達になりました。彼女もいじめを受けており、私たちはすぐに仲良くなりました。親友がいるというのはすばらしい気分で、私は初めて自分に起こっていることを誰かに話せると思いました。二人は結束し、そうすることでいじめっ子を撃退できると信じていたのです。私たちはお互いをいじめっ子から守り合おうと決めました。

私たちは、たくさんの廊下が迷路のようになった学校の敷地内に安全な隠れ場所を見つけると、その秘密の場所で誰からもひったくられる心配をせずにおやつやランチを楽しみました。放課後はお互いの家へ遊びにいき、週末には泊まったりもしていました。二人ともお転婆で、自転車やローラースケートに乗ったり、サッカーやクリケットを一緒にしたりするのが大好きでした。

でも、ある日すべてが一変しました。休み時間にリネットとその仲間がリヤーナを隅に連れていき、リンチにかけると脅したのです。彼女は恐ろしさのあまり、もし自分を逃してくれたらアニータの居場所を教えると言ってしまいました。自分の苦境から逃れるために、私を取引材料――つまり、生贄の羊として差し出したのです。リネットたちはこの取引に同意しました。

リネットたちが「サンボ、サンボ」といつものように歌いながらリヤーナとの秘密の隠れ場所にやってきた時、私がどれほどショックを受けたか想像してみてください。でもその驚きは、リヤーナが彼女たちと一緒にいるのを見たショックや戦慄と比較すれば何でもないものでした。親友だと思っていたリヤーナが、私を助けにやってきてくれるどころか、敵を私のところまで案内してきたのですから……。私は彼女の裏切りにひどく傷つき、いじめられることよりはるかにつらく感じました。そして、このことによって、自分は本当に価値のない人間なのだと痛感するようになりました。

今振り返ってみれば、いじめによってどれほど感情的に傷つけられたか、それがいかに深いレベルで自分を変えてしまったかが理解できます。私は誰の目にも触れず、気づかれることなく生きたいと思うようになりました。他人を恐れていつも目立たないように行動し、注目を浴びるような演劇や学生自治会などの活動には決して参加しませんでした。他の子供が楽しんでいる流行のファッションも避けていました。それに、チームスポーツは大嫌いでした——というのも、私はどのチームからもメンバーに選んでもらえず、いつも最後まで残っていたからです。私と一緒にやりたいと思う人は誰もいないと知っていたので、グループ学習も大嫌いでした。

母は私を殻から引っ張り出そうと一生懸命努力しましたが、私は内気で引きこもりの青春時代を過ごしました。自分は可愛らしくなく、欠点があり、みんなに嫌われている価値のない存在だと感じていたからです。一度ならず、この状態から逃れるには自分の命を絶つしかないとまで思いつめました。そうすれば彼らを懲らしめられる——十三歳の頃にそう考えたのを覚えています。今まで私をいじめたすべての子供たちのために自分の命を犠牲にするというのは、英雄的な行為にも感じられました。とりわけ「なぜこのような恐ろしい選択をしたかというメモを残したら、きっと学校側の強い関心を集めるだろう」と思ったのです。いじめっ子たちもショックを受けて、これまでの態度を改めようとするかもしれません。

でも次の瞬間、「自殺などしたら、私のことを無条件に愛してくれている母がどんなに落ち込むだろうか」という思いが浮上しました。母の絶望した姿を思い浮かべただけで、すぐに自殺という考えは消えてしまいました。私の死を嘆いている様子をほんの少し思い描いただけで涙があふれてきて、実際に計画するのは到底無理でした。

母は、子供の死によるつらい悲嘆をすでに経験したことがありました。私が八歳の時、当時二歳だった弟が亡くなったのです。弟はダウン症で、生まれた時から心臓に穴が開いていました。両親が弟の死にどれほど打ちひしがれ、母がその苦しみを乗り越えるのにどんなに長い時間がかかったか、私は決して忘れることはないでしょう。今日私がまだこの世にいる一番大きな理由は、もしかしたらこの記憶のせいかもしれません。

十代の苦悩

思春期を迎えた頃、私は他人の注意を引かないように、大人びてきた身体をごまかせるだぶだぶの洋服を着ていました。そして、少しでも顔が隠れるように髪を伸ばすことで、安心感を得ていました。学校では、誰にも気づかれたくないとずっと思っていました。自分の姿を見られなければ、いじめられることもないと信じていたのです。

他の子供たちは一緒に過ごし、放課後はスポーツのような課外活動に参加して、週末には学校のダンスパーティーなどを楽しんでいました。でも、自分は除け者だと感じていた私は、何一つ参加したいと思いませんでした。学校が終わるとまっすぐに家に帰り、家族と過ごすか、一人で音楽を聴いたり本を読んだりして過ごしていたのです。たまに家族同士で出かけることはありましたが、そこでも学校のことは一切話しませんでした。私にとって、それは絶対人に言えない秘密だったからです。

もちろん、私の子供時代は悪いことばかりだったわけではありません。夢のようにすばらしいこともたくさんありました。香港という場所で様々な文化や言語に触れられたことはその一つです。香港で育った経験は、私にとって何にも代えがたい有意義なものでした。でも、私の心はすでに傷を負っていました。この時限爆弾はカチカチと鳴り始めており、ずっと後に爆発することになっていたのです。

子供時代のあらゆる虐待がそうであるように、いじめの経験は非常に深いレベルで根本的に私たちを変えてしまいます。もしそれが小さい頃に始まり、長期間にわたって続けば、世の中や自分に対する見方に一生消えることのない影響を与えるでしょう。このような子供時代の経験は、その先の人生に対する自分の期待までも変えてしまいます。私は子供の頃、自分は拒絶されるという予測とともに生きていました。私の振る舞いは自分自身に対するその感情を反映しており、それは長く消えることはありませんでした。

その結果、私は「人生のすべての場面で、自分自身を証明するために――自分の価値を証明し、目の前に現れたポジティブなものに自分が値することを証明するために――一生懸命努力しなければならない」と信じて大人になったのです。さらに、批判に対してとても敏感になり、それは常に頭の中で誇張されました。でも、おそらくいじめの最も大きな影響は、人から好意的な注目を受けるたびに、その賞賛に自分は値しないと感じるようになったことです。私はいつもその注目を拒絶するかそれに過度に感謝をし、自分が注目を受けるのに値することを証明しようとするあまり、人に踏みつけられても我慢することさえありました。

つまり、いじめの経験が私から自尊心を奪い取ってしまったのです。

愛についての真実を学ぶ

そういったわけで、臨死体験中に、ありのままの自分でいるだけで無条件に愛される価値があるというだけでなく、自分は宇宙の美しくすばらしい強力な創造物であり、あらゆる点で唯一無二の特別な価値のある存在だとわかった時は、まったく信じられない思いでした。私は何もしなくても、この贈り物を受け取るのに値するのです。宇宙の私に対する深い不変の愛という作物を収穫するために、どんな特別な種も蒔く必要はありませんでした。何かを証明することも、何かを成し遂げることも、何かになることも必要なく、ただありのままの私でいればよかったのです。それは、太陽が夜になって沈み、翌朝また昇ってくるのと同じぐらい確実なことでした。

向こう側の世界の透明な光の中で、私は学校で経験したいじめが自分のせいではなかったと理解しました。いじめっ子たちは、自分自身の不安な気持ちを行動で示していただけなのです。彼らもまた愛されず、無力だと感じていたのでしょう。でも実は、私が宇宙から深く愛されているのと同じくらい、彼らも宇宙から愛されていました。そして、美しくすばらしい存在だったのです——私と同様に、彼らもそれに気づいていませんでしたが。彼らがいじめたのは自分に価値がないという気持ちを私に投影していたからであり、私がそのような仕打ちを受けるのに値するからではありませんでした。
さらに驚いたことに、彼らがしたことにも私のしたことにも、ゆるしは必要ないのだとわかりました。私たちは、神の知恵を失った社会から教え込まれたままに行動してしまっただけなのです。私たちが経験した何もかもが、無条件の愛に戻るために必要な旅の一部でした。

今ここで天国を生きるためのヒント

もし「したことが自分に返ってくる（自業自得）」というのが誤った社会通念だとしたら、真実はどのようなものになるでしょうか？

✤可能性のある真実として、次のようなものを考えてみてください。

▼人がどう考えようと、何を言おうと、私たちはみんなありのままで無条件に愛される価値があります。私たちは努力して愛を得ようとする必要はありません。それは生まれながらの権利なのです。

▼向こう側の世界の認識では、誰もが美しくすばらしい強力な宇宙の創造物であり、あらゆる点で唯一無二の特別な価値のある存在です。

▼私たちの発言や行いにかかわらず（そして、たとえ地球上の誰にも愛されていなくても）、宇宙はすべての人に対して深い不変の愛を抱いています。結局のところ私たちはみんなつながっており、それぞれが全体の一部なのです。

✤ヒントとエクササイズ

▼他人に悪口を言われたら、その行為は彼ら自身の苦悩や混乱の状態をダイレクトに投影したものだと理解してください。さらに、あなたがハートを開いて彼らの苦しみに思いやりを持つこ

とは、彼らだけでなくあなたのためにもなることを覚えていましょう（その行為を大目に見るという意味ではありません）。

▼他人のせいで人生が大変になっていると感じたら、その状況に一番うまく対処できる考え方や方法を考えましょう。それは自分の手が届くところにあると理解してください。さもなければ、宇宙がその状況をあなたに与えるようなことはないからです。起こっていることを、重荷ではなく成長のチャンスだと見ることができれば、その困難を乗り越えるのに必要なものがすぐに現れるでしょう。

▼あなたを苦しめている人物と自分自身を劇中の役者だと思ってください。そして、公演後の打ち上げパーティで出会ったと想像しましょう。そこではもはや、お互いが演じた役の人物ではありません。相手がこれまでとは違う愛情深い性格で、心の込もった挨拶をしてあなたの演技をほめてくれている様子をイメージしてください。このビジュアライゼーション（視覚化）を何度も行って、自分の見方を少しずつ変えていきましょう。

▼過去のつらい出来事を再び体験しているのを想像してください。これまでの人生の学びによっ

てより賢い見方を習得したあなたは、その過去の傷に対して異なった対処をしています。それによって自分だけでなくすべての人がパワーを得ている様子を、できるだけリアルにイメージしましょう。

▼タッピング（感情解放のテクニック）や呼吸法、あるいは瞑想のような技法を学んでください。それらはあなたを過去に縛りつけている不安や感情的反応から自由にし、今この瞬間を生きる助けとなるでしょう。

✤自分への質問

▼私の過去における一番ひどいトラウマ、屈辱的な出来事は何だろうか？　そこに共通した要素やテーマはあるだろうか？

▼小さなこと、意図しなかったことであっても、他人が私から苦しめられたと感じている可能性はないだろうか？　それを踏まえつつ、過去の苦しい出来事が無意識的に今も続いている可能能

性、あるいは他人に言われたことやされたことで自分が誤解していたことに気づけるだろうか？

▼自分が宇宙の無条件の愛に値することを受け入れるのに、私にとって必要なことは何だろうか？そのことをもっと受け入れている状態に近づくためにできる、小さなことはないだろうか？

✤自分の価値を証明しなくてもありのままで十分だとわかっているのは、次のような時です。

▼他人が自分の怒りのスイッチを入れようとした時（かつて自分の強烈な感情的反応を引き起こした行動を再びしようとした時）、冷静な気持ちで今この瞬間にいることができる。

▼外見や業績といった外的な要因によって自分の価値を定義しない。

▼自分が何を受け取るのに値するかよりも、本当の自分とは誰なのか――純粋な愛、純粋な意識であるということ――について考えている。

chapter 2

誤った社会通念❷——自分を愛することは利己的である

ディスカバリーベイ（最近まで住んでいた地域）から香港島へと向かうフェリーの上で、私は空想にふけっていました。フェリーに乗るのが大好きな私には、二十三分の乗船時間は毎回短すぎるように感じられました。私はできるだけ窓際の席に座って、他の船やボートや波を眺めていたものです。カモメが鳴きながら水中に潜ったり、追いかけっこをしたり、乗客が投げたパンくずをキャッチしようとするのは楽しい光景でした。夜景もすばらしく、まるで香港の休日や祝祭日に打ち上げられる花火のように輝く大都会の見事なスカイラインに、私はいつもため息を漏らしました。

その日は一番最初に乗船したので、フェリーの出発時間までまだ十分ほどありました。いつものように私は窓際の席に座って海を眺めながら、心がさまよい始めて思考が流れていくのを観ていました。子供時代のいじめの思い出が浮上し、それから、癌の宣告をされて二〇〇六年二月にほとんど死にかけたことを思い出しました。そして最後に、現在の生活の様子へと移っていきました。

子供時代にからかわれ、仲間外れにされたことによって「自分は出来が悪く、欠点だらけだ」と信じるようになったことについても考えました。私は自分の民族性や肌の色が他の人よりも劣っていて、好かれたり受け入れてもらうには常に自分の能力を示さなければならないと信じていたのです。女性が男性よりも劣っていると考える社会に生まれたことは、言うまでもなく何の助けにもなりませんでした。ですから、私が低い自尊心を持つようになったのは意外なことでも何でもなかったのです。

両親は私のことを愛してくれましたが、彼らの考え方や生き方はヒンドゥー文化に基づいたものので、彼らはその信念を私にも教えようとしました。父母はインドで育ったので周囲の誰もが同じ信念や価値観を持っていましたが、私の場合は彼らとは違い、異なる状況の中でヒンドゥー文化の信念を受け入れなければなりませんでした。というのも、クラスメイトのほとんどは英国から来ており、私の家族とはまったく違う信念や価値観を持っていたからです。

年月を重ねるにつれ、このような様々な要因が私の自己イメージやアイデンティティを形成していきました。それは本当の私を正確に表してはいませんでしたが、多くの人がそうであるように、私は自分の基本的価値観や信念について疑問を持つことはありませんでした。それらが単純に私の真実ということになり、私が行動する時の指針になっていったのです。

一つひとつの思考は生涯にわたって構築される思考や信念、アイディアの巨大なネットワークの一部だと、私は後になって知りました。言い換えれば、香港島へのフェリーの中で生まれた一つの思考でさえ孤立したものではないということです。あらゆる思考は、私たちが以前に抱いた思考の結果としてやってくるのです。そこには自分について語ったストーリー、自分の信念、自分の能力、自分の強さや弱さ、自分のアイディアなどが含まれます。ですから、パッと頭に浮かんだように思えるものでさえ、実際には自分が経験してきたことすべてと絡み合っているのです。

さらに、自分には価値がないという思いや劣等感が、私を死に至らしめた癌の根本的原因だったということも知りました。医師たちはもう助からないと言い、私も彼らの言葉を信じました。私は医師たちの恐れを感じ、それを自分のものにしていたのです。ベッドに横たわり、私の身体を蝕んでいる獣を恐れ、「二度と目覚められないのでは……」と眠ることも恐れました。そして、朝目覚めた時にはすべてが夢であるようにと願いましたが、それは叶いませんでした。

もし今日私が知っていることを当時すでに知っていたなら、決して癌にはならなかったでしょう。フェリーで空想にふけりながら、私は時間をさかのぼって九歳だった自分を励まそうと思い、何を言おうかと考え始めました。

私は彼女がとても愛されており、完璧で美しく、価値のある存在であることを知ってほしいと思いました。そして、子供はとても残酷になることがあり、いじめは彼女のせいではないということも伝えたいと思いました。彼女には何も悪いところはなく、そのままですばらしい存在だと知ってほしかったのです。いじめっ子は自分の不安感からいじめに走りました。彼らは強いのではなく弱かったのです。彼らは恐れ知らずではなく、恐れでいっぱいだったから彼女をいじめました。決して肌の色や髪の毛などがいじめの原因ではありません。

私の思考は、楽しさや喜びにあふれた今の人生へと移っていました。世界中を旅しながら、ウエイン・ダイアーやルイーズ・ヘイ、ディーパック・チョプラのようなスピリチュアル・リーダーたちとともに多くの聴衆の前で話をしています。自分が人々の人生に貢献していると感じられ、いつもワクワクと過ごしています。それは、子供時代の暗く落ち込んだ日々には想像もつかないことでした。その頃の世界は暗く地獄のようで、私が破滅するのを待っているようにさえ感じられていたのですから。

もし最初から、自分がいかに愛され、価値のあるすばらしい存在であるかを知っていたなら、私の人生はどのようになっていたでしょうか？　それはまったくわかりません。おそらく私はいじめや苦しみや恐れを経験することで、今楽しんでいるたくさんのポジティブなものに気づくことができたのでしょう。この人生で起こるあらゆることは最終的には自分の役に立つこと、正反対のものを経験することによって自分の現実についての真実がわかるのだということを、私は信じています。おそらく苦しみや恐れは、愛や受容、美や喜びとはどんな感じがするのかを理解し、それに感謝するために必要なものなのでしょう。

アイリーン

私は現在、どんな場合でも自分の情熱に従っています。そして、世界中を旅しながら、様々な人々に向けて話をする機会を楽しんでいます。ただ、時差が身体的にちょっとつらいのですが……。実はこの時も、フェリーの上で思いを巡らしながら、前の旅の時差ぼけを感じていました。そしてあくびをこらえようとした瞬間、聞き覚えのある声で名前を呼ばれ、空想から引き戻されました。

「アニータじゃない！　こんなところで会えるなんて嬉しいわ！　隣に座ってもいい？」

それは、近所に住んでいた友人のアイリーンでした。かなり時間が経ったような気がしましたが、窓の外を見ると、まだフェリーは出航していませんでした。こんな時にはいつも、二〇〇六年に昏睡状態から戻ってきた時のことが思い出されます。昏睡状態だったのはわずか三十時間でしたが、何年も経ったかのように感じられたのです。

「あらアイリーン！　どうぞ隣に座って。私も会えて嬉しいわ！」と、私はにこやかに答えました。

アイリーンは有名ブランドの上着と細身のジーンズという魅力的な服装をし、髪型は流行りのスパンキーショートでしたが、彼女の物腰や表情はそれとは似つかわしくないものでした。ひどく疲れた様子で、四十代という実年齢よりも老けて見えたのです。彼女は私の隣に腰掛けると、元気にしていたかと尋ねました。

「ええ、すべて順調よ。あなたのほうはどう?」

「まあまあかしら」と答えてから、アイリーンは考え直したように付け加えました。「実は、あまりよくないの。仕事で問題があって……。上司にこき使われて、残業ばかりなのよ。家でも同じ感じで……。一緒に過ごす時間が少ないって娘はブツブツ言うし、ボーイフレンドとの関係も不安定だし。すべて私にのしかかってきて、本当にヘトヘトよ」

私がアイリーンに出会って以来、彼女の人生は何も変わっていませんでした。仕事や娘のこと、財政面や恋人との関係で彼女はいつも悩んでいたのです。何年も前、アイリーンと私はお互いの問題について何時間も話したものでした。自分たちの状況がいかにうんざりするもので、生活がどんなに大変かを同情し合い、他人のために自分を犠牲にしていることを書き出して比べたりもしました。基本的に二人とも自分は人生の犠牲者だと信じており、他人は自分勝手で、自分たちは無私無欲だと思っていたのです。このような状況を自分で創造したなどとは、これっぽっちも考えていませんでした。

それから何年も経った今でも、アイリーンの話はあまり変わっていませんでした。登場人物こそ少し違いましたが、筋書きは同じでした。決して彼女を批判しているわけではありません。ちょっと違えば、私も彼女と同じ立場にいたとわかっています。もし私が臨死体験をしていなければ、アイリーンの姿は私自身だったかもしれません。癌になり、死を経験してこの世に戻ってきたことは、まさに新しく生まれ変わったようなものでした。それは、私自身も人生の見方もまるっきり変えてしまったのです。

「そんなにつらい経験をしているなんてかわいそうに……。一体どうしたの？」と、私は答えました。

「どこから話せばいいかしら」と、アイリーンは重荷をおろすチャンスに飛びつきました。

「楽しい話から始めましょうよ。ナタリーは元気？」

私は彼女の娘のことを尋ねて少しでも会話を明るくしようとしました。かわいいナタリーのことなら、それほど悪いはずはないと思ったのです。

「ナタリーのことは話したくないわ！」と、アイリーンはきつく言い返しました。「反抗期に入って、私に喧嘩ばかりふっかけるの。いつも自分の思い通りにしようとするし、だらしない格好をして、まったく見た目を気にしないのよ。私がこんなにお金をかけてあげているのに、ちっとも感謝の気持ちがないし。お金の価値を知らないから、私が一生懸命働いて学費を出したり洋服やパソコンを買ってあげているのをありがたいとも思わないんだわ」

アイリーンはきちんとした身なりが好きで、いつも高級な洋服を着ていました。ですから、自分の娘が洋服にまったく興味を持たないことにどれほどイライラしているか、想像がつきました。

「でも、彼女はまだ十三歳でしょう。同じ年頃の他の子と変わらないと思うわよ。私には子供がいないし、こんなことを言える立場じゃないけれど、ナタリーはとてもいい子だと思うわ」私はそう言いながら、彼女の気持ちが少しでも明るくなるように願いました。

「いい子のように見えるだけよ。幼稚な行動ばかりするし！　私があの年齢の頃にはずっと大人だったわ」アイリーンはそう答えると、他の悩みについて次々とまくし立てました。

彼女が娘やパートナー、仕事や財政面の不満を言うのを聞きながら、私はかつて自分も経験した感情を思い出していました。すべての不満の裏で、アイリーンは自分が十分ではなく、愛されていないと感じていたのです。多くの人のように、彼女は自分に対する失望を娘やパートナー、周囲のすべての人に向けていました。自分の中に癒しが必要なものがあるかどうかを見るよりも、自分の失敗やイライラや不満を他人のせいにするほうがはるかに簡単だからです。

自分に対する愛

アイリーンは素敵な洋服を着て身だしなみを整えていましたが、本当は自分自身を愛していないことが見てとれました。彼女は自分に対してつらく当たり、かなり無理をしていましたが、実は自分の期待に応えられず失望していたのです。彼女にとって、おしゃれをしたい気持ちは自分への本当の愛ではなく、好かれたいという気持ちや自尊心の欠如から来ていると私は感じました。

私自身もかつては同じだったので、このことが理解できたのです。臨死体験をするまで、私も自分のことを愛していませんでした。また、自分を愛することが自分にできる最も大切なことで、それがこの上なく幸せな人生を生きるための鍵なのだということを知りませんでした。でも死後の世界で自分を眺めたことによって、すべてが変わったのです。大局的な見地から、私は神の目を通して自分自身を見ることができました。そして、本当の自分の姿を見つけ、宇宙の目から見れば自分がいかに強力で特別な存在であるのかがわかりました。さらに、なぜ病院のベッドで死を迎えるような状態に至ったのかもはっきりとわかったのです。

自分の信念や価値観、判断や意見、不安や疑い、そして恐れのどれ一つとして自分のものではなく、本当の自分とは何の関係もないことが突然わかったと想像してみてください。実際、それらはこれまでの人生経験を通してあなたが積み上げてきた、何層ものフィルターにすぎないのです。さらに、風が吹いてきてその何層ものフィルターが吹き飛ばされ、本当のあなたが現れてそのすばらしさを目にすることができたと想像してみましょう。

それが、まさに私に起こったことでした。向こう側の世界にいた時、私は何層にもなったフィルターやあらゆる重荷から解放されて、本当の自分を見ることができました。それは、想像を絶するほどすばらしい存在だったのです。それまでの私はいつも自分を見放し、後回しにして、自分は価値がなく愛されていないと感じていました。でも、死後の世界で神の目を通して自分を見た時、自分は愛されていないどころか、ただ存在するだけで無条件に愛されている宇宙のすばらしい子供なのだと悟りました。私は自分がこの上なくすばらしい存在で、考えうるあらゆる点で完璧であり、大いなるすべてを構成する神聖な材料から創造されたのだとわかりました。自分が光の存在だと悟ったのです。同じように、すべての人や自然界のあらゆる存在が光の存在です。なぜなら、自然界は生命に満ちており、すべての生命はつながっているからです。

この発見は私に衝撃を与えました。大いなるすべての中心にいる自分の重要性に畏敬の念を感じながら、自分が全体にとって必要不可欠であることに気づいたのです。こんなことはそれまで一度も感じたことがありませんでした。私は突然「自分は愛されていて、自分は愛である」とわかり、この発見によって、自分や他人についての信念がすべて変わってしまいました。

自分について知ること

フェリーの中でアイリーンの話を聞きながら、私は彼女にも自分が考えている以上の存在であると知ってほしい、自分につらく当たる必要はないのだと理解してほしいと心から願いました。もし彼女が自分には価値があり、人生が与えてくれるすべての喜びを受け取るのに値すると知ったら、現在抱えているほとんどの問題は解決するでしょう。でも、他人に愛してもらうにはまず彼女自身が、自分は愛すべき人間で他人の愛を受け取るのに値すると感じる必要がありました。彼女が自分を愛するようになれば、自然に他人も愛してくれるようになるのです。

「アイリーン、あなたは自分がどんなにきれいで、頭がいいか知っている？」彼女が、パートナーには感謝の気持ちがなく、自分は言いなりになる女だと思われていると愚痴っていた時、私は衝動的に口にしました。

「突然どうしたの？」彼女は驚いたように見えましたが、嬉しそうでした。それまで惨めな様子だったのが、急に明るい表情になったのです。

「これは本当のことよ。あなたは自分がどんなにすばらしいか理解していないから、他人があなたの価値を認めてくれないと感じるんだわ。あなたはとても美しく魅力的で、尊敬に値するけれど、まず自分の内側でその事実を知ってそう感じなければ外側の世界に反映されないことを、私は学んだの」と、私ははっきり言いました。

「あなたの人生はすごくうまくいっているから、そう信じられるのよ！」と彼女は反論し、こう続けました。「あなたにとっては、自分のことを愛して自分はすばらしいと信じるのだって簡単でしょうよ。でも、私の人生は最低の状態なの。自分に対して腹が立っても当然だわ！　一体どうしてこんなふうになってしまったのかしら。こんな状態を望んでいたわけじゃないのに。どこで間違ったんだろう……」

「アイリーン、私がどんな状態だったか忘れたの？　私だって自分の状況が嫌いだったのよ！　でも私は一度死んだの。そして、自分を愛すること、決して自分を見捨てないことがどんなに重要かを理解したのよ。私は人々に対して、人生は自分への愛で決まるのだから自分を愛するようにといつも話しているわ。だって、自分を愛することが私の人生を救ってくれたのだもの。私たちの人生は自分を愛することにかかっているの。それが、私を死の淵から現在の場所へと引き戻してくれたのよ！　私たちは、まず自分自身を愛さなければいけないの。そうすれば人生が変わり始めるわ。その反対は絶対にありえない！　私たちはまず最初に自分を愛する見本を示して、それから他人にそれを教えるのよ」

「でも、自分を愛することは利己的だと習ったわ」アイリーンは反論しながら、再び心配そうな表情を浮かべました。「それに、私はまず娘のことを考えて、自分のニーズは犠牲にしないとダメなのよ。そうしなければ、学校を無事に卒業させて、私と同じ過ちをしないようにたくさんチャンスを与えてあげられないもの。私は娘を養わなければならないのよ」

アイリーンがナタリーにできるだけのチャンスを与えるために、これまでの十年間好きでもない仕事を一生懸命してきたことを私は知っていました。一番いい学校に通わせ、幅広いテーマに触れて成績が上がるように家庭教師をつけ、塾にも行かせていました。明らかに、母親にも娘にもかなりのプレッシャーがあったことでしょう。

「私は母親じゃないけれど、誰にでも母親がいるし、私たちもかつては子供だったわよね。だからその経験から言うけれど、私にとって両親からの一番の贈り物は、自分を愛することを教えてもらうことよ。両親が自分を犠牲にして自分の欲求を後回しにするのは、同じことをするように子供に教えているのと同じだと思うわ。子供は両親が言ったことではなく、彼らの行動を見て学ぶものだから。

いじめや不当な扱いや絶望感の中で育ったせいで、私は自分を愛せるようにはならなかったの。それどころか恐れやネガティビティを積み重ねてしまって、自分には欠点があるだけでなく、愛されて大切にされる価値などないと感じるようになったわ。そして、大人になるにつれてこの基本的な信念が、私が自分だと思っているものを形作っていったのよ。

さらに、女性は本質的に劣っているという文化的な思い込みも信じるようになったわ。これは可能なら避けるべき重荷だと思う。あなたのように、私も自分を愛したり他人より自分を優先するのは利己的だと教えられたの。少女の頃、他人に仕える人生を送るように言われたわ。そう信じているのはあなたや私だけじゃないのよ。私のワークショップで、自分を愛することが利己的だと教えられて育った人は手を挙げてと言うと、九十九パーセントの人が手を挙げるもの。私もその中の一人のはずなのに、どうしてこのことに今でもびっくりするのかわからないわ」

そう言って、私は次のように尋ねました。「ところで、子供の頃、『自分を愛するように隣人を愛しなさい』と教えられた?」

「もちろんよ。よく覚えているわ。今ではいつもナタリーに同じことを言っているのよ。彼女には、自分がしてもらいたいように他人に接することの大切さを学んでほしいから」

「それはすばらしいことね。他人への共感は大切だもの。でも、あなたが自分自身を愛していなかったとしたら?　もし自分を愛していなければ、『自分を愛するように隣人を愛しなさい』というのは意味をなすかしら?」

アイリーンはようやく理解したようでした。それまでの表情が一変して、私の言葉に衝撃を受けたように目を丸くしていました。

「なるほどね。自分の持っていないものをどうやって与えられるのかと尋ねたのは、そういう意味だったのね」と、アイリーンは少し興奮気味に言いました。

「その通りよ！　まず自分自身を無条件に愛することを学ぶまで、他人を本当に愛することはできないわ。自分を愛することは利己的だという社会通念は、喜びにあふれた人生を生きるのに必要なものとはまったく正反対のものよ。だから私は、本当に人生の役に立つことは逆のことを教える世界で生きているような感じがしているの。それに、自分を愛することが大切だという真実を見つけた人も、実践すれば批判されるから、それを認めるのが怖くなってしまうんだわ。この真実がずっと隠されてきたのは、このような理由からでしょうね」

アイリーンが熱心に聞き入っているようだったので、私はさらに話を続けました。

「結局、自分のことを愛するまで、私の人生は何一つ最高の状態にはならなかったわ。私が今経験している豊かさ、意味、喜び、そして他人に対する愛や優しさや忍耐は、自分に対する愛の量に正比例しているの。今あなたが言ったように、自分が持っていないものは他人にも与えられない。それに、他人から受け取る愛や尊敬、サポートや思いやりも、私が自分をどれだけ愛しているかによって決まるの。なぜなら、自分の中にそのための場所がなければ受け取ることができないからよ。

自分を愛さなければ、私たちを通して表現されている神の部分を否定することになるわ！私たちは自分を愛することが――さらに悪いことに、自分を愛していると認めることさえも――

傲慢で自己陶酔的な行為だと信じるように育てられたから、それを否定してしまうの。でも、これほど真実から離れていることはないわ。自己陶酔はそれとはまったく反対のものから生じている——つまり、自分への愛がないから、それを埋め合わせるために他人の注目を得ようとするのよ」

私がすべて説明し終わると、二人ともしばらく黙って座っていました。

自己愛による癒し

突然アイリーンが沈黙を破りました。「ねえ、たった今思ったのだけど、私は自分のケアをちゃんとしているから、自分を愛しているに違いないわ。健康にいい食事をして、身なりをきちんとして、いつも髪や爪を綺麗にしているもの。これは、自分のことを愛しているという意味でしょう?」

「自分のためにそういう時間をとっているのはすばらしいし、それは偉いと思うわ。ただ、それは本当の意味で自分に愛を示すこととは違うと思うの」私は、癌になる前、健康に役立つものに異常なほど取り憑かれていたことを思い出しながら言いました。

かつての私は、まるで健康食品を推奨するイメージキャラクターのようでした。厳格な菜食主義で、オーガニックの食品だけを食べ、毎日ジュースも作っていました。家で自分のウィートグラス（小麦若葉）を栽培していたほどです。私は口に入れるものすべてに神経質になり、インターネットで栄養補助食品や健康食品、最新のスーパーフードについて四六時中調べていました。こうして癌にならないようにできることはすべてやりましたが、それでも癌になってしまったのです。

向こう側の世界にいた時、何層にもなった私の価値観や信念がすべて剥ぎ取られ、初めて自分の本当の姿を目にしました。その時、愛と恐れという二つの力が私のあらゆる行動を駆り立てていたのだと気づいたのです。二つの力のどちらかが必ず私の行動の背後にあり、実際私は人生の大部分を愛ではなく恐れによって行動してきたのだとはっきりわかりました。そして、自分の人生を変えるには、口に出したり行動したりするすべてのことが恐れではなく愛の場所からやってくるようにしなければならないと、驚くほど明快に理解できたのです。

健康のためにあらゆることをしていた時、私をその取り憑かれたような行動に駆り立てていたのは、愛ではなく癌になる恐れでした（アイリーンには言いませんでしたが、彼女も恐れから自分のケアをしているような気がしました）。でも今の私が健康的な食事をしたり自分にとっていいことをするのは、自分を愛していて、健康で長生きしたいと思うからです。恐れの気持ちから行動していないので、執拗にこだわることもなく、いつもくつろいでいます。夕焼けの空を眺めながらアイスクリームを楽しもうと、私は癌にならないとわかっています。

誤解のないように言いますが、恐れの気持ちから行動しているからといって、アイリーンや他の人が癌になると思っているわけではありません（私たちの会話の後で、アイリーンが自己愛に対する考え方を変えてくれるように願ってはいましたが）。でも私たちの社会は、自分に行動を起こさせているものが何かを理解できるほど、自分について知ることを奨励してはいないと思います。また、実際多くの人が「自分を愛するというのは、自分の弱さや表面的な失敗を否定して自分をほめることだ」と信じていますが、それは的外れです。

自分を愛するとは、いつも自分をほめたり、自分がどんなにすばらしいかを自分に言い聞かせたりすることではありません。そうではなく、それは本当のあなた、人間であるあなたを愛するということです。意外な弱点を持ち、激しい非難にさらされ、失敗してみんなをがっかりさせることもある自分を愛するということです。誰一人そうしてくれなくても、自分に対して誠実であり続けると誓うことです。

「自分をどれくらい愛せるかで人生は決まる」と私が言ったのは、そういう意味です。はっきり言いますが、これはまぎれもない事実なのです。

今ここで天国を生きるためのヒント

もし「自分を愛することは利己的だ」というのが誤った社会通念だとしたら、真実はどのようなものになるでしょうか？

✤可能性のある真実として、次のようなものを考えてみてください。

▼自分が持っていないものは人にも与えられないのだから、心から他人を愛するには自分を愛することが必要不可欠です（まず自分を愛していなければ、自分のように隣人を愛することもできません）。

▼自分を愛すれば愛するほど、他人にももっと愛を与えずにはいられなくなるでしょう。なぜなら、急激に愛が増えて、あり余るほどの愛を感じるからです。

▼私たちが神／宇宙エネルギー／創造のあらゆる表現であるなら、自分を愛さないのは、神／宇宙エネルギー／創造には愛される価値がないと言っているのと同じです。

✤ヒントとエクササイズ

▼毎日、自分のすばらしいところを五つ書き出してください。難しい状況にどのように対処したか、家族をいかにお世話しているか、そのほか自分の持つ才能や能力、気に入っている身体的特徴など何でもかまいません。これらのリストを日々記録し、後で書いたものを見てみましょう。私たちにはいつも自分のことを批判する傾向がありますから、自分の嫌なところではなくすばらしい性質に気づけるように、このエクササイズをやってみてください。

▼もし信頼できるパートナー、妻や夫、友人や家族がいるなら、毎日五分間、お互いのすばらしいところを確認し合いましょう。これは、どんな関係をも癒し、強化する助けになります。さらに、あなたの自尊心を高めてくれるでしょう。

▼毎朝起きたら鏡の中のあなたの目をまっすぐ見て、「私はあなたを愛しています。決してあなたを落ち込ませたり、見放したり、ないがしろにはしません。私はいつもあなたの親友です！」と言ってください。この言葉は、自分にとってぴったりだと感じられるものに変えてもかまいません（朝に限らず、必要だと感じたらいつでもこのエクササイズを繰り返してください）。

✤自分への質問

▼どうすれば、もっと自分を愛せるようになるだろうか？

▼もし自分を愛していたら、今どんなことをしているだろうか？

▼（今直面している苦しみが何であれ）どうすれば、もっと自分を助けることができるだろうか？

▼自分を愛することが重要だというお手本を、どうすれば自分の子供や若者たちに示せるだろうか？

✤自分に対して愛情を抱いていると言えるのは、次のような場合です。

▼他人がどう思うかを心配するのではなく、いつも自分に楽しみと喜びをもたらすような選択をしている。

▼人生がうまくいっている時、あるいは毎日が喜びに満ちている時、そのことに罪悪感を抱いていない。

▼自分への批判が、頭の中の一番大きな声ではなくなる。

▼他人からのほめ言葉を素直に受け取らないことはやめて、代わりに心から感謝する。

▼義務感や罪悪感から、あるいは人にコントロールされていると感じてではなく、自分の喜びや自由を感じながら人のために何かをしている。

▼たとえ周りの人がよい境遇にいなかったり幸せでなかったりしても、自分には幸せになる権利

があると知っている。

chapter 3

誤った社会通念❸ ――真の愛とは何をされてもゆるすこと

香港のひんやりしたある朝、私はパソコンの前に座って、ヘッドセットのマイクを調整していました。南カリフォルニアで放送されるラジオの生番組に出演するため、そのパーソナリティーからの電話を待っていたのです。香港は朝六時でしたが、カリフォルニアは前日の午後三時でした。地球の裏側にいる人からのインタビューを家にいながら受けられて、しかもパソコンの画面でお互いの顔が見えるのですから、ＩＴ技術の進歩には驚いてしまいます。

インターネットなどのメディアで私の経験をお話しすることはすでに生活の一部になっていましたが、その朝はインタビューを受けることにワクワクして、一時間も前に目が覚めてしまいました。私は暗闇の中でベッドに横たわったまま、自分の人生が臨死体験によってどれほど変わったことかと思いを巡らしていました。二〇〇六年二月のあの日を思い出すたびに、今でも涙があふれてきます。その日は私にとって、この世での最後の日になるはずでした。

向こう側の世界にいた時の感じや、自分にはこの世でもっとすべきことがたくさんあると気づいた時のことを思い出して、私は感極まりました。臨死体験中、私は自分の将来に起こることを見て、世界中の何十万もの人に影響を与えると知ったのです。それがなぜ起こるのか、どのように起こるのかについてはまったくわかりませんでした。でも、それを起こすのに、私自身は何もしなくていいということはわかりました。すべてが自然に展開していくのが見えたのです。私の想像をはるかに超えた見事なやり方で、小さな断片が巨大なタペストリーを作り上げていく様子は、驚くべきものでした。

真っ暗な中で、隣にいる夫ダニーの寝息が聞こえました。私が本を出版したことは彼にも大きな影響を与えたに違いありませんが、それでも平然としていられる夫を羨ましいと思うことがあります。数分後、私はベッドから抜け出してタオル地のバスローブを羽織り、ダージリンティーをいれるのにキッチンに行きました。やかんに水を満たして火にかけると、数分もしないうちにお湯が沸いてピーピーと音を立て始めました。私は香りのよいティーバッグにお湯を注ぎ、世の中とつながる場所である机の前へと向かいました。

メールチェックをしながらインタビューが始まるのを待っていると、パーソナリティーのリアナは時間ぴったりに電話をかけてきました。お互いの自己紹介を終えると、彼女は私の体験談を読んで驚嘆したと言い、インタビューでは私が臨死体験で学んだことと、それが現在の生活にどのような影響を与えたかに焦点を当てたいと言いました。

「わかりました。何でも聞いてください」と、私は答えました。リアナの明るい声を聞いて、きっとすばらしいインタビューになるとわかりました。彼女はプロ意識が高いだけでなく、とても誠実で愛情にあふれた人だったからです。彼女との会話は楽しいものになり、彼女が私のいいところを引き出してくれるだろうとも思いました。

無条件の愛が意味すること

番組が始まり、リアナはラジオの視聴者に私を紹介すると、私の大好きな質問の一つを尋ねてくれました。「あなたは著書で、『向こう側の世界で理解した大切なことの一つは、誰もが無条件に愛されているということだ』と述べています。その真実を理解したことによって、あなたの身体から癌が消えたとも書かれていました。それについてもう少し説明していただけますか？　私たちが無条件に愛されているとは、どういう意味でしょうか？」

答える準備をしながら、私は自分のマインドと感覚を向こう側の世界で経験した拡大した意識の状態へと戻そうとしました。この状態を思い出すたびに、まるで実際にその状態にいるような感覚になります。これは単なる記憶ではありません。すべての感覚がワンネスの状態になり、純粋で絶対的な無条件の愛と受容の中にどっぷりと浸かったような感じになるのです。

「このすばらしい状態について話すたびに、とても感情的になってしまいます。それについて今考えただけで鳥肌が立ってきました。その状態はそれまで経験したことがなかったもので、とても言葉では言い表せません。でも、なんとか説明してみたいと思います。その状態にいて、私は何もしなくても愛される価値があるとわかりました。自分は存在するだけで無条件に愛されていると理解したのです。実は、〝無条件〟という言葉でさえ不適切です。愛とはそもそも無条件のものなので、〝条件つきの愛〟というのは矛盾した表現だからです。私たちが愛に条件をつけた瞬間、それはまったく別のものに変わってしまいます」

私は話しながらパソコンの画面に映ったリアナを見ていましたが、彼女も熱心に私を見つめていることに気づきました。そこで、私はモニターにさらに近づいて話を続けました。

「身体を超えた意識の状態にいる時、すべてのことが明白になります。すべてが理解できるのです。その明晰さは驚くべきもので、この物質世界で想像できるようなものではありません。恐ろしい悪夢から目覚めて、すべてはただの夢だったとわかるような感じです。私が向こう側の世界で目覚めて、自分は病気の身体ではないと理解した時、まさにそう感じました」

「とても力強いお話ですね！」と、リアナが口をはさみました。「自分が無条件に愛されていると知ったことによって実際に癌が治ったからこそ、これほど説得力があるのでしょう。視聴者からもたくさんの質問が来ています。この方は、無条件の愛についてもう少し説明してほしいそうです。それは、愛する人やペットや家族に対して感じる愛とどう違うのでしょうか？」

「たとえて言えば、ホタルの柔らかく冷たい光と太陽の強烈な熱い光を比較するようなものです。太陽が輝いている時、私たちはものすごい温かさと光に完全に包まれています。これが無条件の光です。太陽がただ存在しているだけで、そこにいるすべての人がその輝きや温かさを浴びるのです。それに、太陽の輝きは途絶えることがありません。地球が自転しているためいつも見えるわけではありませんが、太陽が光を与えるのをやめることは決してありません。私たちに太陽が見えていない時は、地球の裏側の人たちが太陽を見ています。

一方、ホタルの小さな輝きが持つパワーははるかに少量です。それはより限定された、条件つきのものです。ホタルが見える範囲内にいなければ、その光は見えません。たとえそこにいても、容易に光を見逃したり、見失ったりしてしまいます。それはそれで美しいものですが、太陽と比較すればあまりにわずかなものです。もしその光を見ていたければ、あなたはホタルに集中し、あちこちに飛ぶのを目で追い続けなければなりません。向こう側の世界の無条件の愛と比較した時、地上での愛はこのようなものだと言えるでしょう。

臨死体験中に得た洞察の一つは、無条件の愛とは感情ではなく、存在の状態だということです。

つまり、それには反対のものが存在しません。人間の愛は感情なので、他の感情のように二元性の一部です。ですから、恐れや嫌悪といった反対の感情とバランスをとっています。でも無条件の愛は、ただそうであるだけです。それは硬貨の片面ではなく、硬貨全体なのです」

「すばらしい説明ですね！」と、リアナは微笑みながら言いました。「過去の行いとは関係なく誰もがそのような愛や受容を経験できるというのは、さぞすばらしいことでしょうね。きっと圧倒されてしまうに違いありません」

「ええ、ものすごく圧倒されるものでした。今でもあの時のことを思うだけで、涙があふれてきます。この物質世界で比較できるものは何一つありません」

「その無条件の愛は、誰もが待ち望んでいるものですね。とてつもなくすばらしいものに思えますから！」

自己愛の役割

「次はとても興味深い質問で、私自身もぜひ答えをお伺いしたいと思います」と言って、リアナは視聴者からのメールを読み上げました。「この女性の質問は、自分を虐待し、大切にしてくれない人をどうすれば愛することができるのかというものです。彼女はボーイフレンドのすることをすべて受け入れ、もっとたくさん愛を与えよう、無条件に愛そうとしているのに、彼はまったくありがたみを感じていないそうです。二人の関係はちっともよくならないので、〝無条件の愛〟というのは自分には効果がない気がすると言っています」

この質問を聞いて、私はにっこりしました。

「いい質問をありがとうございます。これはまさに、私が読者から受け取った手紙で一番多かった誤解の一つです。無条件に人を愛するというのは、相手が自分に対していかなる扱いをしてもそれをゆるす、ということではありません。真の無条件の愛は、自分への愛から始まります。ですから私は、自己愛の大切さを何度も繰り返し言っているのです。もしあなたが自分を愛しているなら、他人があなたを利用したり虐待したりすることを決してゆるしたりはしないでしょう！

愛する人の価値観が自分のそれと対立する場合、関係にしがみついて自らの魂を殺してしまうのではなく、恨みや憎しみを持たずに別れることが自分を愛するためには必要なのです。

自分の魂を傷つけるような関係から立ち去ろうとする時、たいてい次の二つのうちのどちらかが起こるでしょう。一つ目の可能性は、あなたが相手の扱いに耐えられず別れようとしていることにパートナーが気づき、自分の行動を改めようとする場合です。もう一つは、パートナーが変わろうとせずあなたが別れる決意をして、ありのままの自分を愛してくれる人との出会いに目を向ける場合です。

さらに付け加えれば、本当の無条件の愛とは、相手が望んでいるものをあなたも相手のために望むことです。それが自分が相手に望むことと違っていたとしてもです。ですから、パートナーに対して自分が望むように変わってほしいと思うのはやめて、ありのままでいる自由を与えなければなりません。自分たちがそのような関係かどうかを知りたければ、『この関係は自由を感じるものだろうか、それとも束縛を感じるものだろうか？』と自問してみてください。これには自分に正直に答える必要があります。無条件の愛に基づく関係は自由です。そういう関係にあるカップルは、縛られていて一緒にいなければならないと感じるから一緒にいるのではなく、自分たちが一緒にいることを選択したから一緒にいるのです」

「その通りですね！」と、リアナが大声で言いました。「でも、私たちが無条件の愛を感じている時、具体的にはどんな関係になるのでしょうか？　あなたとダニーはそんな関係のように見えますが、どのような感じなのかお聞かせいただけますか？」

「もちろんです。おっしゃる通り、ダニーと私の間には無条件の愛が存在します。これは、いつもすべてがすばらしく、問題が一つもないということではありません。そうではなく、お互いに本当の自分でいることをゆるし合っているということです。

たとえば、私たちのニーズや欲求、人生へのアプローチは非常に異なります。ダニーはテクノロジーや目新しい電子機器が大好きです。葉巻を楽しむこともありますし、外出するより家でパソコンの前に座っているほうが好きなようです。甘いものは嫌いで、ペパロニピザかダブルチーズバーガーを食べながら、テレビで『宇宙空母ギャラクティカ』や『ネイビー犯罪捜査班』を見るのが好きなのです。私はといえば、チョコレートやデザートが大好きで、バッグや靴には目がありません。香水や手の込んだ刺繍入りのショールはいくらあっても足りないくらいで、ベジタリアン料理を好み、心安らぐ静かな曲を楽しみます。自然の中にいること——特に海辺に座り、波の音を聞くこと——が大好きで、美しい夕日を眺めながら泣いてしまうこともあります。このような違いは明らかにかなりの衝突を生み出しかねませんが、私たちは多くの時間を一緒に過ごしても、そんなことはほとんどありません。どちらも相手を変えようとはしていないからです。ただお互いを尊敬し、二人の違いを賞賛しています。さらに、相手から多くのことを学んでいます。この関係からお互いに学び合った結果、二人とも変化や成長を遂げました。

成熟した関係には、お互いを心から受け入れる姿勢があります。不思議なことに、そのような受容が存在すると、たとえ価値観が同じでなくても関係は壊れないのです。

ダニーと私は、最初にどうしても譲れない二、三の基本的な価値観について合意しました。たとえば、どんなに怒っていても無言の抗議はしないと決めました。つまり、いつでも話し合える関係でいるということです。さらに、怒ったままベッドに入らないことも約束しました。そのおかげで、義務感からではなくお互いへの愛情から、二十年以上も結婚生活を続けています。最近のことですが、私の臨死体験後は、毎朝目覚めると抱き合い、『愛している』と言ってから一日を始めるようにしています。

お互いを心から受け入れ、批判し合わないと約束すれば、まったく異なる二人の人間が愛し合い、幸せでいることが可能になります。問題というのは、どちらかあるいは両方が自分の価値観や好みを相手に押しつけて相手を批判した時に生じるのです。多くの人間関係では片方が主導権を手放すのを恐れていて、もしそれを手放せば相手を失って関係が終わると思っています。それゆえ、巧妙な操作やコントロールによって相手をしっかり捕まえようとします。これは愛情あふれる関係とは言えません。当然ながら、コントロールされた相手の気持ちは離れていくでしょう。一方、無条件の愛に基づく関係では、二人は一緒にいなければならないからではなく、それを望むから一緒にいます。現在多くのカップルは、愛していようがいまいが、結婚という契約によって一緒にいます。私たちみんなが成熟して、恐れや義務感やごまかしからではなく、自らの選択によってのみ関係性を築く日がやってくるようにと私は願っています」

「とても役に立つお話でした」と、リアナが言いました。「これからの関係性はそのような方向へ向かう必要がありますね。離婚率もこれほどまでに高くなっていますし、結婚や関係性に対する私たちの見方が真剣に問われていると思います。

このテーマに関してまだまだお聞きしたいと思いますが、ここで一旦コマーシャルです。コマーシャルの後は、臨死体験の前のお二人の関係はどのようなものだったのか、そして臨死体験の後にどう変わったのかをお伺いしたいと思います。ダイヤルを変えずにお待ちください。すぐにアニータ・ムアジャーニさんへの質問に戻ります」

コマーシャルへ移行する合図の音楽を聴きながら、私は臨死体験の前と後で自分の考え方がどう変わっただろうかと考え始めました。かつての私は、いつも不必要な恐れに押しつぶされそうでした。起こりそうもない将来の出来事も含め、ありとあらゆることを恐れていたのです。いかなる状況においても、何か恐ろしいものが忍び寄って自分に飛びかかってくるような、最悪のシナリオばかり想像していました。

今でも多少不安を感じたり、気分が沈むことはたまにありますが、臨死体験の前と比べれば何でもありません。現在の私は、それにどう対処すればいいのかわかっています。恐れや不安を批判せず、追いやろうともせず、そう感じた自分を非難することもありません。私はただその感情を受け入れるだけです。すると、やがてそれは通り過ぎていくのです。

突然水の流れる音が聞こえ、ダニーがキッチンでコーヒーをいれているのに気づきました。彼は私がインタビューを受けているのを知って、音を立てずにこっそりキッチンへ行ったのでしょう。そうするのが得意でした。

「おはよう、あなた」

「コマーシャルで中断しているところなんだね。もう一杯お茶を飲むかい？」

「ええ、お願い」

実際、我が家の居間にいながら私がインタビューを受けられるのは、ダニーのおかげでした。彼は最高の装置を購入して、前の晩にすべてセットアップし、約束の時間に私が始められるようにミキサーのレベルも調整してくれるのです。我が家の装置の音声は非常にいいとよくほめられますが、私はそのたびに「夫がすごいテクノロジーオタクなのよ！」と言っています。

ダニーがお茶を持ってきてくれた時、ちょうどコマーシャルの終わりを告げる音楽が流れました。

「みなさん、今日は『喜びから人生を生きる！』の著者アニータ・ムアジャーニさんとお話ししています。ではアニータ、臨死体験をする前のお二人の関係についてお聞かせください。あなたが無条件に愛されていて、その無条件の愛を受け取るのに値すると知る前、お二人の関係はどのようなものだったのでしょうか？」

新しいレベルでの愛

「実のところ、ダニーはいつも私に愛情深く接してくれていました。でも彼に出会うまでの私は、お付き合いする男性からひどい扱いばかり受けていたのです。身体的虐待こそありませんでしたが、精神的、感情的にかなり傷つけられました。それでも関係を壊すまいとして、ひどい扱いにずっと耐えていました。たとえ悪い関係でも、一人でいるよりはいいと信じていたからです。私は悪いことすべての責任を取ろうとし、進んで自分を正そうとしていました」

「同じような経験をしている人がたくさんいるはずです！　特に女性に多いと思いますが。もう少し具体的に聞かせていただけませんか？」と、リアナは力を込めて言いました。

「お付き合いをして結婚の申し込みまでしてくれた男性が、私の女友達にキスをして抱きしめるのを見てしまったこともあります。それでも彼を受け入れたのは、私にとって結婚というものがとても重要だったからです。もしあのまま結婚していたらどんなに悲惨なことになったか、想像がつくでしょう。もう一つのケースでは、結婚後は専業主婦になってほしいと言われました。デートをしている時から料理をすることを期待され、母親から彼の好物の作り方を習うように言われました。それは私の望まないことでしたが、長い間我慢していました。専業主婦になりたくないのは、自分がどこかおかしいからだろうと悩み続けていたのです」

「ダニーとはどのように出会ったのですか？」

「そのような男性の一人とまだデートをしていた頃、ダニーに出会いました。ある晩、女友達と出かけた場所にたまたま彼が居合わせたのです。二人の目が合った時、どこか見覚えがある気がしました。私は彼のことをこれまで会った男性とは違うと感じましたが、最初は自分の感情を信じて行動しようとはしませんでした。たくさん嫌な経験をしてきたので、ダニーが会いたいと電話をくれた時も断りました。私を大事にしてくれてはいなかったものの、一応デートしている人もいましたから……。


でも、ダニーはすぐには諦めませんでした。そして、まるで前世から知っているような気がするけれど、そんな感じはしないかと尋ねてきたのです。実は、私もそう感じていました。でも、その時付き合っていた人との関係をやめる勇気がありませんでした。


幸いダニーは忍耐強く待っていてくれ、私も彼が運命の人だとようやくわかったのです。彼と一緒にいると、我が家に帰ってきたように感じました。いろいろな意味で――私自身からも、私が誤って結婚しようとしていた男性たちからも――彼は私を救ってくれたのです」

「まあ、なんてすばらしい方なのでしょう！　臨死体験後、お二人の関係は変わりましたか？」

「ええ、もちろんです。以前の私は、自分がダニーの愛を受け取るのに値することを証明しなければならないと常に感じていました。彼がそのように感じさせたわけではないのにです。私はインド人社会で、欠陥のある女性だというラベルを貼られていました。お見合い結婚から逃げ出すという文化的に決してゆるされないことをした上、自立した女性だったからです。人々の目から見れば、私は料理や家事に興味がなく、頑固で自分なりの考えを持っている女性――言い換えれば、救いようがないほどの欠点を持つ女性――だと思われていました。自分でもそうだと思っていましたから、私は心の中で、誰も私のような人を愛してくれないと信じていたのです。ダニーがありのままの私を愛してくれていて、私は何もする必要はないなどとは考えもしませんでした。だって、それではあまりにも簡単すぎませんか？　私は彼の愛にふさわしいことを証明しようとして、自分の頭で作り上げた完璧な妻のイメージに無理やり自分を当てはめようと努力していました。

ところが臨死体験をして、私はすでに愛を受け取るのにふさわしく、そのために何かをする必要はないとようやくわかったのです。そのことを理解した後、さらに物事が変わり始めました。ダニーと私はすでによい関係でしたが、それがもっとすばらしいものになりました。

私はそれまでの人生で、自分を無条件に愛してこなかっただけでなく、そのことによって自分は愛される価値がないというメッセージを自分に送り、他人が私を無条件に愛することもゆるしていなかったのだと理解しました。

この理解だけでも、ダニーとの関係が変容しました。ダニーが望むような自分ではなく、ありのままの自分でいられるようになったからです。私がそうなってから、二人の関係はもっと明るく楽しいものになりました！　彼のために自分を変えようとするのではなく、心から自分自身を受け入れられるようになったので、彼のことも同じように受け入れることができたのです。自分を受け入れれば受け入れるほど自分に対する批判が減っていき、その結果、ダニーに対する批判も少なくなりました。

私たちは一番自然なやり方で、エネルギーをやりとりするようになったのです。傍から見た臨死体験の前との最も大きな違いは、二人ともよく笑うようになったことでしょう。私たちは本当にしょっちゅう笑っています！　お互いを笑い合い、自分自身についてもすぐに笑ってしまいます。他人に欠点と思われるようなところについても笑い、それを欠点と呼ぶ代わりに人間らしい点と呼んでいます。

臨死体験の前との違いをもう一つ挙げるとしたら、お互いを非難しなくなったことです。私たちは絶対にそのようなことはしません。さらに、相手に対する感謝をいつも意識的に伝えるようにしています」

「お二人は関係性のエキスパートですね！」と、リアナが言いました。「人生にとても賢明に取り組んでいらっしゃいます」

「私たちが他のカップルより頭がよく愛情深いというわけではありません。でも周りを見ると、たくさんのカップルが関係を保とうとして悪戦苦闘しています。とても寛大で、他人に愛を差し伸べているような人たちでさえもです。個人的な意見を言えば、自分への愛の欠如、つまり自分は愛されるのに値しないと感じていることが、この問題の根本的な原因だと思います。自分が受け取るのに値しないと感じると愛を受け取ることができなくなり、自分を与えるだけになって疲れ果ててしまうでしょう。そうなると、いつも与えている人たちにお返しを期待するようになるのです。そして、期待したような愛や注目をもらえないと、自分の必要な時にいてくれなかったという理由で相手を拒絶し始めます。自分はいつでも相手のそばにいてあげたのに、どうして相手は自分のためにそうしてくれないのか、と……。こうして関係はギクシャクしていきます」

「非常に鋭い洞察ですね！　アニータ、とても楽しい時間を過ごしてきたのですが、残念ながら残り時間がわずかになりました。番組を終える前に、まだ話題に上がっていなかったことに触れたいと思います。奉仕について——社会に還元することについてはどう思われますか？　あなたはどのように奉仕したいとお考えですか？」

無条件の愛による奉仕

「奉仕は、自分という存在の中心から本当の自分を表現しようとしている時、自然にできるものです。私はかつて、奉仕すべきだからとか正しいことだからという気持ちで奉仕をしていました。この種の奉仕は頭からのもので、ハートからの奉仕ではありません。それは義務感から来るものであり、もしこのような奉仕を続けるプレッシャーに屈していれば、自分のエネルギーを使い果たしてしまうでしょう。こういった奉仕をしている人たちは、自分がよいことをしていると思っていますが、義務感から奉仕をすることは受ける側にとっても与える側にとっても不誠実なのだということを理解していません。愛の場所から来ているものでなければ、受ける相手はそれを感じ、与えた人に対して借りがあると思ってしまいます。それは不健全なサイクルを生み出すことでしょう。

真の奉仕とは、ハートからやってくるものです。それは、私たちが本当の自分でいれば自然にできることです。ですから、そこに義務感のようなものはありません。私たちは奉仕を行うのではなく、奉仕そのものになるのです。そうすれば、奉仕はもはや重荷にはなりません。軽く楽しいものに感じられ、受け取る側にとっても与える自分にとっても喜びとなるでしょう。現在、私は奉仕することについて考えてもいません。そのことを考えなくても、ありのままの自分でいさえすれば、自然に奉仕の存在になれると感じています。

実のところ、この真の奉仕は、たった今話していた無条件の愛の結果なのです。私たちが無条件に愛されているという感覚に入り込むと、もっと自分や他人を無条件に愛することができるようになり、その拡大した愛の感情をできるだけたくさん分かち合いたいと思うようになります」

「なんてすばらしいお話でしょう！」時計が終了時刻を告げた時、リアナが言いました。「今日は番組にご出演いただき、本当にありがとうございました。あなたのお話は、多くの人の助けになったに違いありません。最後に、何かお伝えしたいことはありますか？」

「私が伝えたいのは、みんなもっと明るく、もっと笑うようになってほしいということだけです。ちょっと説教じみているのはわかっていますが、どうしてもこのことを言いたいのです。私たちはスピリチュアリティを深刻に受け止めすぎて、人生から楽しみを奪っています。最もスピリチュアルな行為とは、ありのままの自分でいること、自分自身と人生を愛することです。そのための最善の方法は、楽しむことと笑うことです！　もっとスピリチュアルになろうと努力などしなくても大丈夫です。あなたはすでにスピリチュアルな存在なのですから！　今この瞬間のままで完璧です。その事実をお祝いしてください！」

互いにお礼を言い合った後、私はこの番組への出演がとても楽しかったことを伝え、リアナはお別れの言葉とともに音楽の中へと消えていきました。その音楽は、軽いタッチのジャズでした。終わりを告げるビーという音が聞こえ、私はパソコンの画面の終了ボタンを押しました。

ヘッドセットを外し、すっかり目が覚めた私は、残りの一日を過ごす準備ができたと感じながら、あらためて「無条件の愛という概念はなんとシンプルなのだろう。それなのに、私たちはいかに複雑なものにしているのだろう」と思いました。物質的次元では愛は感情であり、特定の人たちだけに向けるものだと考えられています。でも実は、無条件の愛とは存在のあり方であり、それは私たちが生まれながらに持つ権利なのです。ひとたびその状態へと入り込み始めると、それには自分自身との関係も含めたすべての関係を、いっせいによい方に変容させるパワーがあるとわかるでしょう。

今ここで天国を生きるためのヒント

もし「無条件に愛するとは、相手が自分に何をしてもゆるすことだ」というのが誤った社会通念だとしたら、真実はどのようなものになるでしょうか?

✤可能性のある真実として、次のようなものを考えてみてください。

▼自分自身を無条件に愛するまで、他人を無条件に愛することはできません。それが本当にできるようになったら、他人が自分を利用したり虐待したりすることは決してゆるさないでしょう。

▼両者がお互いを純粋に受け入れていないような関係は、どちらのためにもなりません。

▼本当の無条件の愛とは、相手に自分の望むように変わってほしいと思うことではなく、相手が望んでいることを自分も望み、相手がありのままでいることをゆるすことです。たとえそれが、相手を自由にすることになったとしてもです。

▼無条件の愛に基づいた関係は、私たちを解放し、自由にします。そのような関係にある人たちは、恐れや義務感やコントロールによって関係を続けているのではなく、自分自身の選択によって

一緒にいるのです。

✤ヒントとエクササイズ

▼自分自身を批判せず、心から受け入れて愛すれば愛するほど、自分のパートナーに対しても、相手を変えようとせず、もっと愛して受け入れられるようになるでしょう。

▼受け取るために与えようとするのはやめてください。本当の与えるという行為には、期待が存在しないことを理解しましょう。それは、完全に無償のものです。

▼何らかの理由で他人からひどい扱いを受けたりよく思われていない場合、相手のその考えや行動は、あなたについてよりも彼ら自身について多くのことを語っています。他人がどんなことを主張しようと、どれほど強く言い張ろうと、彼らの感情や行動に対してあなたには何の責任もありません。

✤自分への質問

▼この関係は二人にとって助けとなるものだろうか、それとも束縛を感じるものだろうか？

▼この関係において、私は受け取るよりも与えてばかりいて疲れ切っていないだろうか？　もしそうなら、与えすぎること、あるいはその状態にとどまることによってこの不均衡を永続させている要因は何だろうか？

▼生まれながらの権利としてではなく、他人に与えたお返しとして愛や受容やサポートを受け取るべきだと感じているために、がっかりしたり怒りを感じたりすることが多くないだろうか？　自分は与えなくても愛やサポートを受け取るのに値する存在だと感じるには、どうすればいいだろうか？

▼パートナーにいつも命令され、都合のいいように操られていないだろうか？　そのようなコントロールを真の愛だと勘違いしてはいないだろうか？　また、平等な権利とお互いへの尊敬が存在するような関係に自分はふさわしいと感じているだろうか？

▼パートナーや愛する人たちをありのままに受け入れずに、自分が考えた型にはめようとしていないだろうか？　そのような期待が関係に縛りを与えたり、自分のスピリチュアルな成長の邪魔になったりしていないだろうか？

✤本当の無条件の愛を経験していると言えるのは、次のような場合です。

▼他人が自分自身について新たな発見をしてスピリチュアルに成長した時、心からの幸せを感じる。脅かされたように感じたり、自分への影響に対して不安を抱いたりしない。

▼パートナーとの関係において、それぞれが本当の自分になる自由をゆるし、お互いが心から幸せになれるよう助け合っている。

▼自分の関係性を見た時、時には与えすぎたり受け取りすぎたりすることがあっても、全体としては与えることと受け取ることの健全なバランスがとれている。

chapter 4

誤った社会通念❹——自分には問題があり、あなたにも問題がある

ある日、香港のビジネス街で用を足していた時、かつて仲のよかった同僚とばったり会いました。ビクトリアと私はそれぞれ違った道へ進み、もうずっと会っていませんでした。おしゃべりを楽しみ、近況報告をし合いながら、私は偶然の再会を嬉しく思っていました。

「これからどこへ行くの？」もっと話がしたかったので、同じ方向であればいいなと思いながら私は尋ねました。

「ジェン・タイ先生に会いにいくの。よかったら一緒にどう？」

ジェン・タイ先生とは漢方医学の専門家で、ビクトリアはもう長いこと、体調が悪くなるたびにそこに通っていました（特に問題がない時もですが）。ジェン・タイ先生のところへは過去に私も行ったことがありましたが、ずっとご無沙汰していました。

「ありがとう、でも遠慮しておくわ。最近は調子がいいの」と、私はにっこりして言いました。

実際私は病気になる前よりもはるかに気分がよく、身体的にこれほど健康だと感じたことはあり

ませんでした。

「でもね、飛行機で飛び回ると身体に負担がかかるのよ」と、ビクトリアは心配そうに言いました。「それに、講演をするのはものすごく体力を消耗するに違いないわ！　そのために何かしているの？ジェン・タイ先生から助けをもらうように越したことはないと思うけれど」

ビクトリアが善意で言ってくれていることも、ジェン・タイ先生が優秀であることもわかっていました。でも私はその時、どんな専門家にも会う必要はないと思いました。

「すごく元気が出る漢方薬を飲んでいるから大丈夫よ」私はそう言うと、ビクトリアの心配にお礼を言って、優しく抱きしめました。そして、連絡を取り合おうと約束しました。

その時の私には、ビクトリアと一緒にヒーラーのところへ行かないだけの分別がありました。けれど、かつては私も彼女のように、自分には根本的に悪い部分があり、改善する必要があると信じて人生の大半を過ごしてきました。心身の健康のためにいつも努力しなければならず、様々な専門家の助けが必要だと信じていたのです。そのことが実はまったく正反対の結果を生み出し、恐れや不安や傷つきやすさといった感情を含むあらゆる問題を引き起こしているとは考えもしていませんでした。でも今の私は、実際これらの感情によって自分は癌になったと確信しています。死後の世界を垣間見てこの世に戻り、ようやく私は、誰もが自分に必要な能力を携えて生まれてきたのだとわかりました。死の淵から戻ったことが、無敵であるという感覚を私に与えてくれたのです。

これから話すビクトリアとの経験は、この無敵の感覚がいかに容易に失われ、〝自分を修正する必要がある〟という昔の考え方に逆戻りしてしまうかを教えてくれました。このような思い込みが同年代の仲間や育った文化で支持されるものである場合は、特に害になるでしょう。そう、それはまさに私に起こったことでした。

数年前のことです。まだ癌が治ってまもない頃で、私はビクトリアの家をよく訪れていました。ビクトリアの家に入ると、キッチンからいつも薬のような匂いが漂ってきました。調合した薬草茶を煎じる匂いです。ジェン・タイ先生は強壮剤、漢方薬、薬草茶などをビクトリアに処方していました。彼女が薬草を煎じているのに興味を持って、私もジェン・タイ先生に会いにいきたいと思ったのを覚えています。

私は癌が完全に治って健康体になったと感じていましたが、ちょうど新しい家に引っ越したばかりだったことに加え、仕事でも大きな変化を経験してストレスの多い日々を過ごしていました。最初の本を書く前のことで、まだ自分の人生がどう展開していくのかまったくわからなかったのです。ある日近所の食料品店でビクトリアにばったり会った時、私は相当疲れているように見えたに違いありません。彼女は、調子はどうかと尋ねてきました。

「すごく元気よ。最近引っ越したばかりで、少し疲れているけれど。それに、かなり大きな仕事に取り組んでいるから」

「確かに疲れているみたいね。他の人はいざ知らず、あなたはストレスが身体によくないことを覚えておくべきよ。そのために何かしているの？　たとえば薬を飲むとか、ヒーラーに会うとか……」

「いいえ、でも十分な休息はとるようにしているわ。睡眠時間を少し増やせば大丈夫よ」

「もっと自分のケアをしないとダメよ」と、ビクトリアは語気を強めて言いました。「そうしないと癌が再発するわ！　あなたのように大病をした人は十分気をつけないと！」

「私みたいに癌が急速に治った人は、身体の持つ回復力を信じているものよ」私は茶目っ気のある笑みを浮かべて言いました。

「そんな過信はよくないわ！　今度は前のようにはうまくいかないかもしれないのよ」

これはいかにもビクトリアらしい発言でした。彼女は単刀直入に、歯に衣を着せず自分の意見や感情を述べるのです。その当時はわかりませんでしたが、今振り返ると、彼女自身の恐れを私に投影していたのでしょう。

「その新しい仕事のせいで、これからもっと睡眠時間が少なくなるわ。心身ともにヘトヘトになるわよ。エネルギーを補給するために何かしないと。私の仕事はストレスが多いから、定期的にヒーラーのところへ通っているの。すごい効果があって、もう彼女の助けなしにはやっていけないわ」

ビクトリアがそう言った時、何かしっくりこない気がしました。その当時はそれが何なのかよくわかりませんでしたが、後になって理解できました。ビクトリアは仕事のストレスを癒すためにジェン・タイ先生のところへ通って自分の身体をケアしていると信じていましたが、問題の解決の仕方が間違っているように私には思えたのです。

もし本当に自分のことを大切にしているなら、ストレスが多すぎて助けが必要な仕事など最初から引き受けないでしょう。そのような生き方はしないはずです。確かに私も時々無理をすることはあります。そんな時は、ジェン・タイ先生のようなヒーラーを訪ねたり、身体をリラックスさせるためにマッサージやスパへ行きます。でも、それを習慣化することはしません。また、私は自分の感情に注意を向けて、気持ちがワクワクするような仕事――本当の自分を表現でき、仕事だと感じないくらい楽しめるようなもの――を引き受けるようにしています。そうしている限り、ストレスに対処し続ける必要はないでしょう。

「ジェン・タイ先生は、薬草のような自然の治療薬だけを使っているのよ。今度私が行く時、一緒に行ってみない？」

ビクトリアは、私を説得しようと一生懸命でした。

「うーん、わからないわ。今はまず、新しい住まいに落ち着くことだけを考えたいし……。それに、ジェン・タイ先生のクリニックは家からずいぶん遠いの。すでにきついスケジュールを、もっと大変にしたくはないわ」と、私は答えました。

疑いが忍び寄る

「あら、絶対に時間をとる価値はあると思うわ。だって、あなたはまず第一に自分の健康をケアする必要があるもの！」とビクトリアは反論し、自分の主張をしました。「それに、ジェン・タイ先生の薬はものすごく効くのよ。どれほど多くの人が通っているか知ったら驚くわ。順番を待つ人の列が、クリニックの外まで続いているんだから。数年前に女性ビジネスクラブで会ったディアドラを覚えている？　彼女もジェン・タイ先生に会いにいっているのよ。健康上の問題で助けてもらっているの。『ジェン・タイ先生に生命を救ってもらった』って言って、今では休まずに通っているわ。もう何年もよ。アニータ、あんな経験をしたんだから、あなたは身体を大切にしなくちゃダメ。健康のためにできることは何でもするべきでしょう？」

「ビクトリアの言っていることには一理あるかもしれない」と、私は思いました。ジェン・タイ先生の腕のよさは知っていましたし、確かに健康を維持したいという気持ちがあったからです。そして、「一度くらいジェン・タイ先生を訪れて、意見を聞いてみても損はないわ。活力が湧いてくる強壮剤を教えてくれるかもしれないし。それはきっと役に立つはず」と思えてきました。

そこで、「わかったわ。ジェン・タイ先生は専門知識が豊富だし、一度くらいあなたと一緒に行くのは面白いかもしれない」と、私は明るく言いました。

でも、心の奥深くで、何かおかしな感じがしました。自分の言葉が空々しく聞こえたのです。一時的なストレスについてはあまり心配しておらず、引っ越しの諸々の作業がすべて終われば大丈夫だとわかっていました。私は自分の人生にとても幸せを感じていました。また、死にかけたことで、自分が楽しくないと感じること、あるいは自分にとってよくないと感じることはすべきではないと学び、私はその決意に背いてはいませんでした。その頃ストレスを感じていたのは、自然の中を散歩したり、海岸を訪れたりする時間がなかったからなのです。ですから、新居に落ち着きさえすれば大丈夫なはずでした。それに、新居は海のすぐそばで、そのことにワクワクしてもいました。

「一度だけじゃダメよ。そういう治療法じゃないの」と、ビクトリアは少し厳しい口調で言いました。「ずっと通い続けると誓わなくちゃ。それが長く健康を維持するための方法よ。これから若くなることはないの。今何かを始めなければ、どんどん悪くなっていくわ！」

「でも、今は継続的な治療はちょっと無理なの。すごく忙しいから」私はビクトリアの反論に少し恐れを感じながらそう言いました。

「仕事よりも健康を優先するべきでしょう！　他の誰よりも、あなたはそれを知っているはずよ！」

その時は気づきませんでしたが、ここでもビクトリアは自分の恐れを私に投影していたのです。それは、もし彼女が私の立場だったらする必要のあることだったのでしょう。でも私にとって、このような堅苦しい治療を生活に取り入れるのは、ストレス以外の何物でもありませんでした。それでも、ビクトリアの断固とした言葉には胸を揺さぶられたのです。「健康のためにできることを何でもしなければ、癌が再発するかもしれない」という思いは私の不安を駆り立て、状況をはっきりと見られないようにしていました。そして、会話が進むにつれて私の自信はゆっくりと打ち砕かれ、だんだん彼女のペースに引き込まれていきました。

「実は、最近あなたのことばかり考えていたのよ。元気にしているかしら、普通の生活に戻れたのかしらって。だって、香港のようにペースが速い大都会で暮らすのは大きなストレスでしょう。特に、あなたはステージⅣの癌を経験したんだから」と、彼女は言いました。

それに対して、私はこう答えました。

「私は今の仕事が大好きだし、他にも面白いことをする時間をたくさんとっているわ。だって人生を楽しむことはとても重要だもの！　仕事がストレスになったり、手に負えなくなる時もたまにあるけれど、たいていはうまく対処しているわよ」

「自分が疲れ果てているのに、みんなを助けようとするパターンにまた戻らないように注意しなくちゃ。何度も言いたくないけれど、あなたは特に健康に気をつけなければいけないのよ」と、ビクトリアは強く警告しました。

過去のパターンに引き戻される

ビクトリアが正しいかもしれないという思いが、頭の中をぐるぐる駆け巡っていました。私はおそらく、自分が思うよりも疲れてヘトヘトに見えたのでしょう。それに、癌を経験して身体が弱くなり、身体の中で何かが起こっていたのかもしれません。ビクトリアは心から私の身体のことを心配しているようでした。そのために、これは彼女の恐れで、私は彼女の不安を自分のものであるかのように受け入れ始めていたのだと気づけなかったのです。

自分にとって正しいことは自分でわかるという自信が失われ始め、耳元で次のような囁きが聞こえていました。「彼女が正しかったらどうするの？　私はかなりのエネルギーを消費して働き、いつも人々に会い、求められると献身的に尽くし、私を必要とする人のそばにいるわ。すべて好きでしていることだけど、もし身体がヘトヘトになって免疫力が下がったら大変。癌が再発しないように気をつけなければ！　もう二度とあんな経験はしたくないもの。ビクトリアの言うヒーラーに会う必要があるかもしれない。本当に自分の身体を大事にしたいなら、できることは何でもすべきだわ。少なくとも、ジェン・タイ先生は自然療法のヒーラーなのだから、それはいいことに決まっている」

わずかな恐れがゆっくりと私の心に忍び込み、そこに住み着いてしまいました。そして、自立した感覚を失い、自分にとって正しく真実であることがわからなくなり、外部からの介入なしに身体と対話する生来の能力を失い始めたのです。私は突然、疲れやストレスを感じました。高まる不安のせいで、自分の身体に耳を傾ければいいだけだということを忘れてしまっていました。それは、死にかけていた時に学び、癌が癒えてからの数年間ずっとやってきたことだったのにです。

私に必要だったのは、他人が言うことを鵜呑みにするのではなく、自分に必要なものかどうかを自分自身に尋ね続けることでした。この内側での認識、私の中のコンパスこそが、末期癌を癒してくれたのです。それにもかかわらず、ビクトリアとの会話で私は「おそらく彼女が正しい。彼女の言うことを聞くべきだ」と思ってしまいました。

恐れの囁き

ある日の午後、私は香港の活気あふれるダウンタウンを山のような用を足すために走り回りながら、あの恐れがまだ心の奥に潜んでいるのを感じていました。そこで私は、他のことに注意を向けてそれを振り払おうとしました。露天市場の屋台を一つひとつ観察して、色とりどりのキャンディーやおもちゃ、スパイスや肉類、ハンドバッグやブラウスなどを存分に楽しむことにしたのです。そうしていると、色彩だけでなく音や手触りや香りも楽しめる万華鏡の中心にいるような感じがしました。

それでも、この体験に心から夢中になれない自分がいました。頭の奥で、恐れの囁き声が私を苦しめていたのです。ビクトリアが言ったことを無視しようとどんなに努力しても、私の注意はそこに戻ってばかりいました。

翌週になってもその重苦しさはなくならず、恐れは私がどこへ行こうと、何をしようと、どんなに楽しんでいようと、いつも追いかけてきたのです。私はとうとうビクトリアに電話をかけて、次回ジェン・タイ先生に会いにいく時に一緒に行きたいと告げました。すると、たまたま明日行く予定だと言われ、私たちは待ち合わせて行くことになりました。

次の日の朝、香港島へのフェリー乗り場でビクトリアと会いました。フェリーを降りると、私たちはウォーターフロントに沿った六車線の幹線道路と交差する歩道橋の階段を上りました。そこからは港全体が見渡せ、私の住むランタオ島まで見えました。まるでアメンボが滑るように、フェリーが湾を渡っていました。

歩道橋を渡ってから一本の脇道に入ると、馴染みのあるカレー味のフィッシュボールの匂いが漂ってきました。そして角を曲がった時、危うく私は屋台の一つにぶつかりそうになりました。その屋台では大きなカレー鍋に入ったフィッシュボールを串刺しにして、お客さんに手渡していました。私も一本食べたいと思いましたが、ビクトリアは急いでいるようだったので必ず帰りに寄ろうと決め、ひたすら彼女の後をついていきました。

もう一本の道を渡り、肉屋と八百屋を通り過ぎると、トラム乗り場がありました。急ぎ足だったせいで私は少し息切れがし、そこにあったベンチに座りました。三分も待たないうちにトラムがやってきたので飛び乗って前方へと進むと、隣同士の席が二つ空いていました。

ジェン・タイ先生

ジェン・タイ先生のクリニックは香港の旧市街にあり、ビジネス街の超高層ビルからかなり離れていました。ですから、トラムに乗っている時間が長くなることはわかっていました。私たちは木製の固い椅子に座って、会話をしたり外を眺めたりしました。トラムは狭い道を縫うように進み、様々な建築様式、広東語のカラフルな標識、人生の冒険を求めて互いに押し合いながら進む人々の間を通り過ぎていきました。トラムに乗るのは楽しく、子供時代を思い出しました。トラムがゆっくりと進み、何度も停車するのが私は好きだったのです。そうしているうち、私はジェン・タイ先生が何を言い、どんなことをするのかと少し不安になり始めました。そこで、外の景色や音でその不安を払い除けようとし、もっと前向きになれるものに集中しようとしました。

私は、紐を巻いて丸めたボールでサッカーをしている子供たちに目をやりました。車や通行人や自転車を巧みによけながら、他の子供へボールを蹴ってパスする器用さにはびっくりしました。でも、このような将来のペレでさえ、私の不安を鎮めることはできなかったのです。

やっと目的地に着いてトラムを降りると、ビクトリアはアーチ形の窓がある古い低層ビルの方へ歩いていきました。ジェン・タイ先生のクリニックは二階にあり、そのビルにはエレベーターがありませんでした。暗く狭い階段は、私たちの重さでギシギシと音を立てて揺れました。まもなく漢方薬を煎じる匂いがしてきて、それに誘われるように長い廊下を進み、大きなアーチ形のドアを開けて中に入ると、私はたちまち壁一面に並んだ薬草入りのガラス瓶に魅了されてしまいました。そこには鹿の角、タツノオトシゴ、タンポポ茶など、ありとあらゆるハーブや薬の材料がありました。

私たちはきちんと並んだ木製のベンチに腰掛け、他の人たちと一緒にジェン・タイ先生に会う順番が来るのを待ちました。これから何を経験するのか予想もつかず、私はソワソワしていました。そして、壁に並んだガラス瓶を眺めながら、これがどんな魔法を生み出すのだろうかと考えました。

「ここにいる人たちは香港中から来ていて、みんなジェン・タイ先生に会うために待っているのよ」と、ビクトリアは囁きました。ジェン・タイ先生は予約を受け付けていませんでしたが、クライアントがいなくて困ることはないとわかりました。私たちの順番がやってきた時、後ろにある木製のドアから小柄で優しそうな顔の女性が顔を出し、広東語で中に入るように言いました。

ジェン・タイ先生は白髪混じりの髪を後ろで団子にし、ゆったりとした絹の服を着ていました。彼女を見て私はすぐに好きになり、くつろいだ気分になれました。彼女はにっこり微笑むと、広東語が話せるかどうか尋ねました。そこで私が彼女の母国語で答えると、目を輝かせて満面の笑みを浮かべました。

ビクトリアが、私の癌のこと、仕事や引っ越しで最近ストレスを感じていることについてジェン・タイ先生に話してくれました。話を聞いているうちに、ジェン・タイ先生の顔に驚きと共感、そして恐れの表情がありありと浮かんでくるのが見てとれました。私はビクトリアに、そんなに詳しく話さないでほしいと思いました。何の先入観も持たずに診察してほしかったからです。

ジェン・タイ先生は私に舌を出すように言うと、それをじっくり調べました。続いて両目をチェックし、両手を見て手のひらを触り、脈を取りました。それから折りたたみ式ベッドに横になるように言い、指で身体のツボを二、三カ所押しました。ジェン・タイ先生はまだ心配そうな顔をしていました。そして、ベッドの横にある戸棚から布袋を出すと、その袋から黒い角状の形をした道具を取り出し、その道具の丸い方を私の胸の真ん中に押し当てたのです。それはまるで、肺の中から空気をすべて押し出しているような感じでした。次にうつ伏せになるように言われ、同じ道具で背中を押されました。

「あなたの胸に詰まっている気を動かして、循環させているのですよ」と、ジェン・タイ先生は説明してくれました。そして一連の動作が終わると、とても優しい目で私を見ながら言いました。

「あなたは週に三回通う必要があります」

最後に漢方の薬草を処方してくれましたが、その中には煎じて一日に数回飲まなければならないものもありました。さらに、「癌になったことがあるあなたには、二度と病気にならないように、身体が必要としているものをすべて提供したい」と言われました。それは善意に基づいた言葉だとわかっていましたが、週に三回通わなければならないと聞いた時、私はみぞおちのあたりがキリキリ痛むのを感じました。彼女のクリニックは我が家からかなり離れている上、私は引っ越しただけでなく仕事のプロジェクトのプレッシャーも抱えていたからです。

「毎日の漢方薬の準備にかかる時間はさておき、一体どうやって週三回も通えというの？」と、私は思いました。

そこで、漢方薬を飲みながら、週一回だけというのは可能か尋ねてみました。「クリニックの往復だけでかなりの時間がかかり、待ち時間もどれくらいになるかわからないので……」と説明すると、「それはあなた次第ですよ。でも、自分の健康が大切なら、もっと頻繁に来る必要があります。治療に多く通うほど、体調もよくなりますから」とジェン・タイ先生は言いました。

「どれくらいの期間ですか？」

「日常的な仕事の一部だと考えたほうがいいでしょう。一生続けたほうが効果があります。生活習慣を変えるのと同じです」と、彼女はいつ終わるかということにはまったく触れることなく答えました。

ハーブとスパイス

「本当に一生通わなければならないの?」と考え、私はうろたえました。このような診断を聞くのは嫌でしたが、ジェン・タイ先生は私を操ろうとしているのではないとわかっていました。彼女は自分が真実を言っていると信じており、癌が再発しないように私を助けたいと思っていたのです。私にとって最悪なのは、残りの人生で癌を寄せつけないように努力し続けなさいと他人に言われることでした。でも、それをジェン・タイ先生に理解してもらうのは無理でした。

癌を寄せつけないことに注意を向ければ〝癌に対する恐れ〟の中で身動きができなくなり、正反対の結果を生み出すことになります。この状態はまさに、かつて私が癌になった時に起こったことでした。私はそれ以来、自分にできる最も健康に役立つことは、喜びをもたらすことに集中し、情熱に従って、恐れではなく愛から選択することだと学んだのです。ところが、目下の状況の中で私はこのことを一時的に忘れてしまいました。そして、再び恐れや病気の世界に引き寄せられているのを感じました。外部の専門家から助けてもらわないと自分の身体をケアできない、という昔の思い込みが戻ってきていたのです。

ジェン・タイ先生はメモ帳に何かを走り書きし、それを破いて私に手渡しながら、隣接した部屋の方を指差しました。そちらに進んでいくと、ダイニングテーブルほどある大きな木製カウンターの背後で若い男性が薬を調合していました。私が中国語のびっしり書かれた紙切れを手渡すと、彼は微笑みながらうなずきました。

彼はガラス瓶から薬草を取り、手に持った秤で測るといくつかのビニール袋に詰めました。種のように見えるものもあれば、樹皮のようなもの、乾燥果実やお茶の葉に似たものもありました。それぞれの袋には一日分の薬が入っており、飲む前に水に入れて四時間煎じる必要がありました。彼は薬の調合を終えると、私に三袋（三日分の薬）を手渡してくれました。ジェン・タイ先生は明らかに、私が三日以内に戻ってくることを期待していたのです。そんなにすぐ戻れるかどうかわからなかったので、私はその男性に数日分余計に購入したいと頼んでみました。彼は私の広東語に驚き、満面の笑みを浮かべました。私たちは笑いながら会話を交わしました。結局彼は七袋の薬草と錠剤の入った瓶をくれて、一日に四回摂取するようにと言いました。

診察を終えたビクトリアも薬草の袋を受け取り、私たちは薬代と診療代を支払いました。それから狭い階段を下りて通りに出ると、一番近いトラム乗り場を探しました。

「どうしてそんなにたくさん袋を持っているの？」と、ビクトリアは私が七つも薬草の袋を持っているのを見て尋ねました。

「一週間に三回も通えるかどうかわからないから、余分に薬をもらったの」

それを聞くと、ビクトリアは説教口調で言いました。「きちんと通院しないのはよくないわ。ジェン・タイ先生は本当にすごいのよ。どれだけたくさんの人が通っているか、あなたも見たでしょう。こんなに人気があるのだから、彼女の治療は効果があるに違いないわ！」

「ええ、あなたの言うことは正しいと思うわ」まだ何かしっくりこない気がしながらも、私はそう言いました。たとえしっくりこずとも、私もジェン・タイ先生が好きでしたし、彼女の知恵から恩恵を受け取りたいと思っていたので、試してみたいという気持ちがあったのです。

自分のパワーを取り戻す

その夜、私は薬草を煎じました。薬草の香りが家中に広がり、玄関の外まで漂っていました。帰宅したダニーが、「何の料理を作っているの?」と尋ねてきました。エキゾチックな中国風スープを作っているとでも思ったのでしょう。私は薬草の入った沸騰している鍋を見せて、ビクトリアとの冒険について話しました。

次の三日間、私は薬草茶を飲み、錠剤を摂取しました。三日目にビクトリアが電話をしてきて、また一緒にジェン・タイ先生のところへ行くかどうか尋ねてきました。私は彼女の誘いを受け入れ、私たちは再びフェリーとトラムを乗り継いで出かけました。さらにその三日後にもう一度、そしてその次の週にまた三回訪ねましたが、ジェン・タイ先生はいつも愛情深く、私に会えて嬉しそうでした。

その後、私は新しい仕事のプロジェクトでとても忙しくなり、クリニックに通うことの大変さにうんざりしてきました。それは不必要なストレスを増やしているように思えたのです。大切なのは疲れを増やすのではなく減らすことのはずなのに、皮肉なことでした。加えて私は新しいプロジェクトにとてもワクワクしていたので、それに没頭したいと思いました。ですから、ビクトリアが次回の通院について電話をしてきた時、私は行けないと言いました。

「調子がいいの」と、私は明るい声で言いました。「しばらく新しい家でゆっくりして、自分がやりたいと思うことに集中したいのよ」

私は人生がジェン・タイ先生の訪問を中心に回っているように感じ始めていました。毎回往復で四時間かかる通院はもちろん、薬草を煎じる時間をとることさえ面倒に思うようになっていたのです。そんな時間があったら、音楽を聴いたり、本を読んだり、海辺へ散歩にいったり、リラックスすることもできましたから。

通えば通うほど体調がよくなるとビクトリアもジェン・タイ先生も主張しましたが、私にはそれとは正反対のことが起こっていました。ジェン・タイ先生のところへ行くほど、その他のあらゆるチャンスを失っているような感じがしていたのです。ビクトリアには調子がいいと言っていましたが、実際は通い始める前よりも悪くなっていました。それもあって、ジェン・タイ先生は私のストレスが改善している兆候を見つけられなかったのでしょう。通院によって私はさらにストレスや疲れを感じ、意図したこととはまったく反対の結果になっていたのです。それでもビクトリアとジェン・タイ先生の言葉は私の中に若干の恐れを呼び起こし、そのため通院をやめられずにいました。

「通院の期間を空けるのはよくないわ。彼女は絶対あなたの助けになっているはずよ」と、ビクトリアは心配するような口調で言いました。

「でも、私が助けを必要だと思っていないとしたら？」と思わず言いそうになりましたが言葉を飲み込み、その代わりに私はこう言いました。「でも、どれくらいの期間？　ジェン・タイ先生はずっと通うように言ったのよ！　この治療に人生の多くの時間を費やせるかどうかわからないわ。それに、お金だってかなりかかるし」

「アニータ、あなたのような人は、健康はお金にかえられないって知っているでしょう！　それに、ジェン・タイ先生は良心的で、もっとお金を請求できるのにそうしないのよ。だから、長い間ずっと料金は同じなの。私のようなクライアントがたくさんいて、何年も通っているわ。みんな彼女を信頼して、奇跡のヒーラーだって感じているの。彼女はあなたの身体に必要なものをお見通しよ」と、ビクトリアは言い返しました。

「確かに、ジェン・タイ先生は優しくてとても親身に診てくれるわ。それは私にもわかっている。でも、旅行に出て通院できない時にはどうするの？　香港から引っ越して、他のところに住むことになった場合は？」

「それについては、私も心配することがあるわ」と、ビクトリアは認めました。「何らかの理由で彼女に会えないと、最悪の気分になるもの。定期的に通院して薬をもらっていれば調子がいいんだけど。つまり、そのことが言いたいのよ。彼女は明らかに私を助けてくれているわ」

まだ何か納得しがたいところがありましたが、これ以上ビクトリアと議論したくありませんでした。私は彼女がジェン・タイ先生を信じていることを尊重し、その信念に楯突きたいとも思いませんでした。自分の強い信念を他人に打ち砕かれた場合、もっと力強い新たな可能性と置き換えられない限り、人はかなりの恐れを感じるものだとわかっていたからです。いずれにしても、私は不利な状況にいると感じました。通院をやめるのは、自分の健康にいいことをやめることになるかもしれません。でも、もし通院を続ければ、イライラやストレスを感じて、恐れからジェン・タイ先生に依存してしまうでしょう。

ビクトリアは完全に自分のパワーをヒーラーにゆだねてしまい、その治療を少し休むと思っただけで恐れを抱いていました。彼女は、他人から常に助けてもらわない限り、自分の身体は健康を維持できないと信じているようでした。その時はわかりませんでしたが、私も自分のパワーをジェン・タイ先生に明け渡していたのです。

反抗

その夜私は、一人で静かに瞑想することにしました。自分の内側に波長を合わせ、その導きに耳を傾ける必要があったからです。楽な服装をしてキャンドルを灯し、お気に入りの精油を焚いて、心地よい音楽をかけました。そしてクッションに腰掛けて、海の景色を眺めました。音楽と精油の香りには催眠術のような効果があります。私は海の方を見ながら完全にリラックスし、自分の思考が流れるままにしました。

迷いの思考が入ってきても注意を向けず、海のような広大なものに集中していれば、すべてが突然クリアになるような深い瞑想状態が訪れると私にはわかっていました。外側の騒音が消えて賢い内なる自己と対話できるようになり、メッセージを間違えることもなくなります。臨死体験中に感じたように感情が強烈になって、その時と同じ身体感覚になることもありました。

その夜、バルコニーのガラス戸越しに二十分くらい外を眺めていると、明晰な状態が突然やってきました。それは、喉のあたりが疼くような感じで始まりました。この感覚は、自分が真実を表現していない時に身体が告げるやり方でした。私は喉のあたりに注意を向け、何が現れてくるか見てみました。そして、そこに集中して私へのメッセージがあるかどうか尋ねると、次のようなメッセージがあふれるように出てきたのです。「外部の者に自分の健康を左右させる必要はない。自分のパワーをジェン・タイ先生に明け渡す必要はない。パワーを与えれば与えるほど『自分には本質的に悪い部分があり、他人に決断してもらわなければならない』という信念を強化してしまう。自分の健康について決断するパワーを他人の手にゆだねる必要はない」

まるで水門が開いたように、このような真実がどっと流れ込んできました。内なる導きから与えられた真実は、いつもそうだとわかります。なぜなら、恐れがすべて消え去り、心が軽くなって喜びを感じるからです。この瞬間、まさにそのような感覚がありました。

私は、ジェン・タイ先生が私を癒すすべてのパワーを持っていると信じれば信じるほど、自分がますます弱くなっていくことに気づきました。そしてこの弱さが、さらに自分には助けが必要だと信じさせていたのです。医師や代替療法の専門家、あるいはエネルギーヒーラーなどの助けが必要な場合もあることは否定しません。私自身、癌を患っていた時、医師やアーユルヴェーダのヒーラーから必要なアドバイスを受けました。でも、違いはどこかといえば、当時の私は自分にとってそれが正しいことだと感じていたからこそ、彼らの助けを必死に求めたという点です。自分の恐れを私に投影し、私に必要なものを私自身よりもよく知っていると思っている人から（たとえその意図が善意と純粋な動機によるものだったとしても）コントロールされたわけではなかったのです。それは私の決断によるもので、私が正しいと感じていたことでした。

もちろん、ジェン・タイ先生のような伝統中国医学の専門家が役に立たないと言っているわけではありません。確かに彼らには価値があります。実のところ、私は彼らにもその治療法にも敬意を抱いています。どのような専門家であれ、自分が会いにいくように導かれたと感じ、自らの希望でその処方薬を摂取するのであれば、それは自分の内なる導きに耳を傾けて自分自身に力を与えていることになるのです。これは、自分の健康や幸せを促すのに重要なステップです。

よいヒーラーと偉大なヒーラーの重要な違いの一つは次のようなものです。偉大なヒーラーは、あなた自身が持つ癒しの能力に気づかせ、最終的には人に頼らなくていいように促してくれます。彼らは誰にも生まれながらの知恵があると知っており、自分の仕事は人々がその知恵とつながれるよう助けることだと考えているのです。でも多くのヒーラーは、意識的にではなくとも、あなたが彼らに依存することを望んでいます。それによって、ヒーラーが自分の存在を正当化できるからです。このようなヒーラーは無敵である自分自身に出会ったことがないため、すべての人は治療や調整をし続ける必要があると信じています。その結果、この信念を自分の患者に投影してしまうのです。それに対し、偉大なヒーラーの目標は、誰もが持つヒーリング能力とつなげることによってあなたに力を与えることです。そうすると、当然ながらやがてヒーラーは必要なくなるでしょう。これが偉大さの代償です！

まったく同じことが、偉大な教師やグルにも言えます。本当にすばらしい教師やグルは、自分の真の目的が、答えを求めて頼ってくる弟子をもっと増やし、人気コンテストで勝つことではないと知っています。彼らの真の目的は、生徒一人ひとりの中にある内なるグル、すなわち内なる知恵を目覚めさせ、それによって教師が必要だという思いから人々を解放することです。あなたが尊敬できる教師やヒーラーやグルを持つのが悪いというわけではありません。でも、自分自身を信じて内なるガイダンスシステムとつながれば、正しいタイミングでぴったりのグルや教師やヒーラーがあなたの前に現れ、必要な答えを提供してくれることでしょう。彼らは電気技師、タクシー運転手、テレビの出演者といった様々な姿をして現れます。その言葉はあなたの心の奥深くに響き、ワクワクした気持ちになるのでわかるはずです。そのメッセージが不安や恐れをもたらすことは決してありません。

私はビクトリアとジェン・タイ先生をとても愛しており、二人との経験によって、自分のパワーを明け渡すことは望ましくない結果をもたらすこと、害になることを学ぶことができました。

私は残りの人生で自分を改善し続ける必要などまったくないのです。私はかつて、医師の処方薬に頼らずに自然療法に取り組み、健康のことをいつも考えるのは身体にとっていいことだと信じていました。でもその後、常に健康のことばかり考えていると「自分には何か悪いところがある」という考えにとらわれてしまうと知ったのです。結局のところ、何かに執着するのは健全なことではありません。たとえ、その対象が健康であったとしてもです。なぜなら、その根底にある動機は真の導きを得ることではなく、恐れだからです。

今ここで天国を生きるためのヒント

もし「自分には何か悪いところがあり、改善しなければならない」というのが誤った社会通念だとしたら、真実はどのようなものになるでしょうか？

✤可能性のある真実として、次のようなものを考えてみてください。

▼私たちは生まれながらにあらゆる点で完璧です。

▼私たちは自分がなろうとしている存在にすでになっています。

▼私たちは本当の自分を一時的に忘れているかもしれませんが、どこかが壊れているわけではありません。

▼人生で起こる難題は、私たちに悪いところがあることを示すものではなく、本当の自分へと戻る旅の一部にすぎません。

✤ヒントとエクササイズ

▼毎日、自分の内なるガイダンスシステムとつながる時間をとりましょう。

▼車のラジオをつけたら流れていた歌、スーパーで並んでいた時に小耳に挟んだ会話、雑誌で読んだ、またはテレビで見たインタビューなど、あらゆる種類のガイダンスにオープンでいましょう。

▼何かを耳にしてハートの奥でワクワクした時、そのことに気づけるようにしましょう。それはあなたのガイダンスシステムからの、注意を払うようにという呼びかけです。

▼自分がぶつかっている難題を恵みとして見る習慣をつけましょう。思い通りにいかないことがあるたびに怒ったりイライラしたりするのではなく、「もしこれが宇宙からの贈り物だとしたら、私に何を教えようとしているのだろうか？」と自問してみてください。視点を変えることによって自分の中にある知恵に気づけることに驚くでしょう。

✤自分への質問

▼いつも自分自身を〝改善する〟ことで頭がいっぱいではないだろうか？

▼自分の生き方について、「書物や教師やグルなど、外からの助けを求める必要がある」といつも感じていないだろうか？

▼自分に必要な答えは他人が持っていると信じて、他人に自分のパワーを引き渡していないだろうか？

▼宇宙が自分のためにくれた導きを聞いた時と、実は自分のためにならないアドバイスを聞いた時の違いを区別できるだろうか？

▼自己批判しすぎていないだろうか？

✤自分の内なるガイダンスシステムとつながっていると言えるのは、次のような場合です。

▼人生における苦難は私の欠点によるものではなく、自分の旅の重要な一部なのだと心から理解している。

▼そういった苦難が実は贈り物だと理解している。
▼周囲のすべての出来事やその結果をコントロールしなければならないと思っていない。
▼人生とは自分に降りかかってくるものではなく自分を通して表現されるものだと理解しており、自分が〝人生がそれ自体を表現できるチャネル〟となることをゆるしている。

chapter 5

誤った社会通念❺――ヘルスケア制度が健康管理をしてくれる

ヨーロッパと北アメリカでの講演を終えて香港に戻った私は、たった数日間でしたが我が家にいることを心から楽しんでいました。

その日は近所にあるリー・チョンの食料品店を訪れて、ガーラアップルにしようかローズアップルにしようかと迷っていました。そんなことを考えていた時、突然携帯電話が鳴ったのです。名前に惹かれたローズアップルのほうをショッピングカートに放り込み、私はバッグから携帯を取り出しました。画面に名前が表示されていなかったので、アドレス登録されていない人からの電話のようです。その電話番号にも見覚えはありませんでした。

少し戸惑いながら電話に出ると、「アニータさんですか?」と馴染みのない声が聞こえました。

「ええ、そうですが、どちら様ですか?」

「覚えていらっしゃらないかもしれませんが、私はベラと言います。昨年、大学のカンファレンスで一度お会いしました」

「そうですか……」

私は頭をひねって思い出そうとしましたが、誰だかまったく思い当たりませんでした。

彼女は、私のもどかしさを理解したように言いました。「思い出していただかなくても結構です。きっとたくさんの方々にお会いになっているでしょうから。突然お電話を差し上げて申し訳ありません。でも、どうしてもお話ししたかったのです。今お忙しくありませんか？　少しだけお話ししてもよろしいでしょうか？」

「大丈夫ですよ。食料品の買い出しをしていただけですから」私はそう答えながら、彼女はどうやって私の携帯番号を入手したのか、なぜ電話をかけてきたのかと好奇心を抱きました。

彼女は再び、まるで私の心を読んだように言いました。「カンファレンスの時、私たちの共通の友人であるシーラ・ランドールが紹介してくれたんです。あなたの携帯番号も彼女が教えてくれて、電話をかけてみたらと言ってくれました」

「ようやく思い出しました！　どんなご用件ですか？」

昨年講演をした大学のカンファレンスで、以前通っていたヨガクラスで知り合った友人のシーラが、とても感じのいい白人とアジア人の混血女性を紹介してくれたのを私はやっと思い出しました。

闘病中の母親

「実は、母のことなんです」ベラの声は少し震えているようでした。「先週乳癌が見つかったのですが、すでにステージⅢでした。その診断を受けてからというもの、母はまるで死の宣告を受けたみたいに、ものすごく恐れを抱いています。そんな時、知人があなたの本を読むように勧めてくれて、それが母に言葉では表せないほど希望を与えてくれました。あなたが香港にお住まいだと知った母は、どうしてもお会いして話がしたいと言いました。そこでシーラに連絡したところ、あなたに電話をしてみたらと言われたのです」

「お母さまのこと、本当にお気の毒です。お母さまのお気持ちも、あなたのお気持ちもお察しします。どのような状況にいらっしゃるか、よくわかりますから」と私は言い、ベラの苦しみを深く感じて、私の本が彼女の母親の助けになったという話に胸を打たれました。「ステージⅢの癌だと宣告されるのがどんなに恐ろしいことか、十分にわかります」

ベラは、少し安心したようでした。「それがお電話した理由です。あなたの体験を読んだ時、母はまるで自分の話を読んでいるようだと言いました。彼女は以前のあなたとそっくりなのです。お人好しで、あげるものが何もなくなるまで人に与えてばかりいるのですから……。でも、自分のケアをしようとはしません」

私にとってはお馴染みの話を聞きながら、自分の口元に笑みが浮かぶのを感じました。確かに、彼女は私とまったく同じでした。

「お母さまは今、どちらにいらっしゃるのですか？」と尋ねながら、私は少し戸惑いを覚えました。というのは、助けてあげたいという気持ちはあるものの、ベラの母親に自分が内側に癒しの力――それがどんな形であろうと――を持っていると知ってほしかったからです。私が自分の話を人々にシェアしているのは、他人に私を信じてもらいたいからではなく、みんなに自分自身の力を信じるようになってほしいからでした。

さらに、私のスケジュールはすでにびっしりと詰まっていました。深刻な病に苦しむたくさんの人たちから、自分のところへ来てヒーリングの手助けをしてほしいという依頼を受けていたのです。私は心からみんなを助けたいと思いましたが、もちろん物理的にそれは不可能であり、そのことが私を困惑させていました。もし可能であるなら、彼ら一人ひとりを腕の中へ受け入れてしっかりと抱きしめ、自分を愛してありのまま受け入れてほしいとお願いしたことでしょう。

「母はスタッブ通りのアドベンチスト病院に入院しています。できるだけ早く会っていただけると嬉しいのですが……。母は治療法の選択についてとても悩んでいて、いろいろな人からもらった異なるアドバイスに気が動転しているのです」と、ベラは涙声で言いました。

「明日の午後のスケジュールをキャンセルして、お母さまに会いに行きます」と、私は言いました。私は三日後にまた香港を離れる予定で、その旅の準備もしていませんでしたが、ベラと母親を助けなければという思いに駆られたのです。どんなに忙しい状態だろうと、ベラの母親をこの苦悩の中に置き去りにしていくことはできず、その選択肢は私にとって間違っていると感じられました。ベラの恐れが氷のような冷気として私の身体を走り抜け、ぞくぞくと身震いしたほどでした。

健康のケアなのか、それとも病気のケアなのか

癌を経験してから、私は健康について、あるいは健康のことばかり考えることについて異なる見方をするようになりました。現代のヘルスケア制度が、健康な生活を送ることよりも病気を探すことに重点を置いていることに、私は失望しています。みんな癌に関する啓発運動に夢中で、早期発見のための検査を受けるようにという広告キャンペーンばかりしています。でも、それでは病気に注意を向けるようにと言っているだけなのです！ 加えて、心臓病や糖尿病との闘いと同様に、〝癌との闘い〟のためにいつも寄付を求められます。

もしみんなが癌と同じくらい健康について話し、癌についての意識向上と同じくらい健康に意識を向けることにお金を使うなら、今とはかなり違った結果になることでしょう。私が、癌に注意を向けるのではなく健康や愛や喜びについて話すのが好きなのは、このような理由からです。健康でいるには何が必要か、健康であるとはどういうことなのか、健康とはどのように感じるものなのかといったことについて、人々がもっと話をしてくれたらと思います。そのことは、癌で苦しんでいる人にも役立つはずです。

ここで、次のことをはっきり言いたいと思います。私たちの身体は戦場ではありません。ですから、身体をそのように扱うのはやめなければなりません。そこには勝ったり負けたりという闘いはなく、滅ぼすべき敵も存在しません。私たちの見方によって、癌などの病気は贈り物にも呪いにもなるのです。このような病気は〝やっつけなければならない悪魔〟ではありません。〝過去世の悪いカルマ〟の結果でもなく、自分のネガティブな思考の結果でもありません。

病気はむしろ、身体が私たちと対話する手段、よりよい道を示すための方法なのです。私たちは癌で——あるいは数え切れない他の理由で——死ぬかもしれませんが、その時が来れば誰もが死ぬのです。けれど、死は敵ではありません。敵となるのはたいてい、病気に対する私たちの見方です。その見方の中には、「もし病気になったり死んだりしたら、それは自分があきらめずに一生懸命闘わなかったからだ」あるいは「十分勇敢ではなかったからだ」とか「生きようとする強い意志を持っていなかったからだ」「自分の思考やビジュアライゼーションが十分にポジティブではなかったからだ」などという、あまりにも単純すぎる考えも含まれます。これらの考えは恐れを生み出すだけでなく、真実でもありません！　そして、健康上の問題を抱えている人を卑しめて、本人だけでなく彼らの愛する人たちにもものすごいプレッシャーを与えます。しかも、彼らが最も傷つきやすくなっている時にです。

この批判的で不当な態度は、病気に直面している人が必要とする愛やサポートや理解とはまったく正反対のものです。自分が注意を向ける方向を変えて、「癌などの病気は生き方を変えるようにという警鐘だ」と考えたらどんなに役立つか、想像してみてください。病気との闘いに何兆ドルも使うのではなく、同じだけのお金やエネルギーや注目を健康――身体的な健康だけでなく精神的、感情的な健康、そしてスピリチュアルな健康――に関する啓蒙プログラムに使ったらどうなるでしょうか？　どんな違いが表れ、どんな結果を手に入れられるか、ぜひ考えてみましょう。

健康に意識を向ける

現在のヘルスケア制度は、健康よりも病気に全力で取り組む病気ケアのプログラムになっています。おそらく健康よりも病気を扱うほうがはるかにお金が儲かるからでしょう。私を皮肉屋だという人がいますが、『フォーブス』誌によれば、二〇一四年にアメリカで医師や病院、薬や治療に費やされた総額はおよそ三・八兆ドルということです。このような極めて多い支出と比べて、私たちがもっと長生きし、幸せで健康な生活を送るための教育にはほんの少しのお金しか使われていません。

ペンシルベニア大学のコンピュータと情報科学の教授であるライル・アンガー博士は、大規模な平均寿命の調査を行い、平均寿命の計算法を生み出しました。彼によれば、タバコを吸わず、飲酒運転をせず、シートベルトをし、もっとたくさん運動をして有意義な人間関係を築けば、私たちはより健康で長生きできるそうです。たったそれだけのことなのです。私たちがこのような簡単なガイドラインを守るだけで、莫大なお金を節約し、年間に何百万人もの生命を守ることができるはずです。

多くの人は、真の健康とはどんなものかを理解していません。身体的な健康が精神的、感情的な健康、スピリチュアルな健康と深く関係していることを知らないのです！　それらはすべて相互に結びついており、他のものと無関係に身体が病気になるわけではありません。免疫機能が低下して病気にかかりやすくなるのには、理由があります。ヘルスケアの専門家が病気ではなく健康に注意を向け始めるまで、そして、研究者が病気と感情とライフスタイルの関係をもっと深く調べるまで、医学的研究だけでは治療法は見つからないでしょう。

残念なことに、ベラの母親はすでに病気のシステムの中に巻き込まれていました。異なるアプローチを取る時が来ていたのです。

ダナに会う

ベラと話した翌日、私は彼女の母親がいる病室のドアをノックしました。母親は二日前に生体組織検査をしたばかりでしたが、医師はさらなる検査を予定していました。

「どうぞ」と中からベラの声が聞こえ、私はゆっくりドアを開けて部屋に入りました。ベラと母親は私に会えて安心し、嬉しそうに見えました。

「お忙しいでしょうに、来ていただいて本当にありがとうございます！」ベラは立ち上がってそう言うと、私のために部屋の向こう側から椅子を持ってきてくれました。

「どういたしまして。私もお二人にお会いできてとても嬉しいです」

「私の母のダナです」と、ベラは母親の腕に優しく手を置いて言いました。ダナは微笑んでいました。美しい女性でしたが、腕に点滴用のチューブを付けて横たわっている彼女はとても青白く見えました。ベラの年齢の子供がいるにしては若い印象でした。おそらく若くしてベラを産んだのでしょう。

「こんにちは、ダナ」と、私は腰掛けながら微笑んで言いました。

「会いに来てくださって、本当に嬉しいです。ベラから聞いた時は、信じられませんでした。あなたの本を読み終えたばかりですが、とても力づけられました」

「ご気分はいかがですか？」

「怖くて混乱しています。第一に、病院は恐ろしいところです。誰もが深刻で、一層具合が悪くなります」

「おっしゃりたいことはよくわかりますよ」私は病院の白い壁、硬いプラスチックや鉄製の椅子、殺風景な雰囲気を眺めながら言いました。「壁を明るい色で塗って、抱きしめたくなるような子犬やお花や虹の写真を飾り、医師や看護師さんが患者を励ますためにカラフルな洋服を着てくれたらと思っていらっしゃるのでしょう」

私は、センスのない患者の病院着については触れませんでした。この衣類ほど威厳のないものはありません。このような病院着を改良するのはさほど難しくないはずです。ほんの少し工夫するだけでも、患者はもっと快適な経験ができるでしょう。

私が癌で入院していた時、病院にいるのが嫌いだったのも無理はありません。治療を受けた後、私はどんなにひどい気分でも家に帰りたいと言い張りました。なぜなら、病院にいるとさらに気分が悪くなったからです。

多すぎる情報の弊害

「医師たちが治療についていくつかの選択肢を説明してくれたのですが、私は怖くてたまりません」と、ダナは話し始めました。

「癌専門医は、化学療法が癌を治す唯一のチャンスなのに、それを受けないなんてどうかしていると言いました。でも、私は恐ろしい副作用が怖いのです。私が信頼して通っている自然療法士は、化学療法は身体にとって毒になると言っていました。

それだけでなく、治療について友人や家族の意見がみんな違うのです。医師の意見に同意せず、インターネットで代替療法について情報を集めてきてくれた人もいれば、医師のアドバイスに従って他のものは無視するようにと忠告する人もいます。それに、私に十分な信仰があれば神が治してくれると断言する人もいます。そんな対立したアドバイスばかりで私はまったく身動きできません。もう自分の手には負えないのです。誤解しないでください。みんな私を愛してくれている人たちで、もちろん善意から言ってくれているのです。でも、今は自分が何を選んでも間違った選択になりそうな気がします」

私は、ダナの苛立った口調と顔の表情から、本当に身動きできなく感じているのだとわかりました。まるで、何も地図を持たずに――あるいはもっと悪いことに、いくつもの相反する地図を持って――地雷に囲まれて、どちらの方向へも怖くて足を踏み出せないというような様子でした。

ダナの話を聞いていると、かつての自分を見ているような感じがしました。私も癌にかかっていた時、同じ問題に対処しなければならなかったからです。当時の私は、たくさんの事実や意見を浴びせられ、考えが明確になるどころかただ圧倒されて恐ろしくなるばかりでした。なぜなら、多くの情報が対立するものだったからです。さらに、調べれば調べるほど、矛盾した情報がもっとたくさん見つかるのです。

「あなたが同じ状況にいたら、どんな選択をなさいますか?」と、ダナが尋ねました。

「具体的なアドバイスを差し上げるのは控えさせてください。その決断はあなた自身がすべきで、あなたには自分の道を作り出す力があるとわかってほしいからです。あなたの力を私に明け渡してほしくありません。それにもし私がアドバイスをしても、すでに混乱するほどたくさんある情報に、さらに情報を付け加えることになるだけです。それより、自分に力があると感じることのほうがはるかに役に立ちます。これは他の誰でもなく、あなた自身の選択なのです。でも、あなたが自分で選択できるように、内側に入ってそれぞれの選択肢についてどう感じるかを見るための案内だけはさせてください」

「ありがとうございます」

ダナは、私がやってきた時よりもはるかに希望にあふれているように見えました。

内なる声を聞く

「私は、自分が一種の内なるガイダンスシステムによって、いつも導かれていると知っています。

そのシステムは誰もが持っていて、いつも私たちと対話しようとしています」と、私はまず説明しました。「でも、対立した情報がいっぱいありすぎるとマインドが疲れ果ててしまい、ガイダンスシステムは私たちと対話できなくなってしまうのです。情報入手のスピードが速い今日では、このような詰め込み状態はよく起こりがちです。これが起こるたびに、私は情報の断食をしています」

「それは何ですか？」と、ダナは興味深そうに尋ねました。

「断食の際に二十四時間から四十八時間何も食べないようにするのと同じで、少なくとも一日か二日（可能ならそれより長く）、外の世界から新しい情報を取り入れないようにするのです。自分のマインドが圧倒されないようにすれば、自分に話しかけている内なるガイダンスシステムの声が再び聞こえ始めます」

「そのガイダンスシステムについてもっと聞かせてください。情報はどこからやってくるのですか？」

「あらゆる場所からやってくるようにも感じるし、どこから来ているのかわからない感じもします。臨死体験中、私は自分が身体を超えた存在だとわかりました。その状態では私は無限で、この宇宙のすべての人、あらゆるものとつながっていました。分離というものは存在しなかったのです。物質世界に戻った今でも、情報の断食をすると、父や親友のソニのような亡くなった愛する人たちを含むすべての人とまだつながっていることを思い出せます。彼らからガイダンスがやってくるのを感じますし、他にも私を無条件に愛し、見守り、助けてくれている人がいるのもわかります。このことが、大きな慰めと安らぎを与えてくれるのです。

分離がなく、みんなつながっているということは、他の時代の人たちともつながっているという意味です。向こう側の世界には、私たちが知っているような時間というものは存在しません。つまり、ガイダンスはすでに亡くなった愛する人、あるいはあなたが生まれる前に生きていた人たちからやってくる可能性もあるのです。たとえばイエス・キリスト、仏陀、シヴァ、観音など、あなたが特別なつながりを感じる存在からです。私たちの直線的な時間の解釈から言えば、まだ生まれていない人からやってくる場合もあるでしょう。

実のところ、あなたのガイドが誰であるかは重要ではありません。なぜなら、彼らはみんな私たちとつながっている一つの存在であり、私たちが最も心地よく感じる形で心の目に現れてくれるからです。奇妙に思われるかもしれませんが、私は自分の内側に波長を合わせ、自分の力を外部のものに明け渡さないことを思い出すたびに、導かれているのを感じます。

「若かった頃は私も導かれているのを感じたものですが、その感覚をずいぶん前に忘れてしまいました」と、ダナはワクワクしたように言いました。

「ほとんどの人がそうだと思います。私たちはその能力を持って生まれてくるのですが、人生を経験するにつれてそれを失っていき、周囲の対立する声に耳を傾け始めます。どういうわけか、人生は私たちの力を奪ってしまうようですね」

私たちが話している最中、ベラは静かにしていましたが、彼女が熱心に耳を傾けているのがわかりました。私は心から彼女を助けたい、母親のために何かしてあげたいと思いました。ベラ親子はとてもすばらしい関係でした。私が癌だった時、ダニーや私の家族は私のそばから片時も離れませんでしたが、このようなサポートはきわめて重要なものなのです。ですから私は、ダナが娘を頼りにできることを嬉しく思いました。

「つまり、私に今できることは、情報の断食なのですね。そうすれば、マインドからガラクタが一掃されて、自分の内なるガイダンスとつながることができますから。あなたがおっしゃっているのはそういうことでしょう？」

「ええ、私ならそうします！」そう言いながら、私もワクワクしてきました。「私が過剰な情報で混乱した時は、もうそれ以上探すことはしません。すでに持っている情報を知らなかったことにはできませんが、そのどれにも注意を向けないようにします」

喜びを選択する

私は続けました。

「そして、自分の身体、スピリット、私の個人的な旅に役立つ選択をすることに集中するよう自分に言います。癌にではなく自分を幸せにするものに集中すれば、『ああ、私は癌なんだ。これから逃れるにはどうしたらいいのだろう？』などと考えている恐れの場所から、安らぎと落ち着きのある場所へと移行できるのです。

もし『間違った選択をしたらどうしよう？』といった思考が湧いて恐れを感じる場所に戻ってしまっても、その恐れを無理やり追い出そうとはしません。なぜなら、恐れを怖がることになったり、恐れが現れるたびにそれを非難するようになってしまうからです。私は恐れをそのままにしておき、同時に新しい考え方を紹介して、『いい？　アニータ、自分の幸せを取り戻すのよ。自分のための時間を過ごし、自分を愛して自分に優しくし、何か面白いことをして自分を大事にするの』というふうに自分に言います」

「メモを取らなくちゃ。ベラ、私のバッグからメモ帳とペンをとってくれる？」と、ダナが突然言い出しました。ベラはダナのバッグの中を探して、日記帳とペンを手渡しました。

「自分に対して、次のような質問もします。『どうしたらもっと自分を愛することができるだろうか？　どうやってもっと自分を助けることができるだろうか？　もし自分を愛しているなら何をするだろうか？　自分をとても愛していて、助けたいと思っていることを示すには、毎日何をすればいいのだろうか？』。そして、毎日心に浮かんだことを書き出してそれを実践します。さらに、『もし癌が完全に治ったとわかったら、自分の健康を祝うために何をするだろうか？』と自分に尋ね、それからそれを実行します。私は、毎日人生を祝うことが大切だと思っています。それを思い出すのに、病気になることが必要な場合もあるかもしれませんね。

私は自分のしていることが、恐れではなく愛の場所から来ていると感じることも重要だと学びました。つまり、何かが起こることを恐れてではなく、自分を愛しているから、自分の人生を大切にしているから、再びいい気分になりたいからという理由ですべての選択をするのです。そうすることでより力を与えられるだけでなく、ポジティブな結果が起こりやすくなるでしょう」

恐れに基づいた医学

「アニータ、あなたのおっしゃりたいことはよくわかりました。私もまったく同感です」とダナは言い、ペンを置いて、水をひと口飲みました。「あなたのお話を伺って、ずいぶん気分がよくなりました。ただ、ご存知だと思いますが、実際に難しいのは医師への対応です。彼らはいつも私を恐れの状態に置くのです。彼らは〝現実的〟でいる義務があるように感じていて、統計的な数値をもとに私の病気の見通しを話そうとします。私が最悪のシナリオなど知りたくないと思っていることを理解していないのです！　私は自分のことを統計データだとは思っていません。私は唯一無二の人間なのです」

私はダナが言っていることがよくわかりました。私が病気だった時も同様の、恐れに基づいた選択肢や統計情報が提示されました。皮肉なことに、健康についての私の考えは「人々に誤った安心感を与え、病気の厳しい現実から目を背けさせる危険性がある」と非難されがちなのですが、私の見方では、危険なのはむしろ、医師たちの意見が与える恐れのほうです。恐れは私たちの免疫系にとてつもないダメージを与え、私たちを病気にかかりやすくしてしまうのです。

医師たちは被暗示性の力に十分気づいており、プラシーボ効果については、一九五五年にアメリカ医師会誌に掲載された「強力なプラシーボ効果」というヘンリー・ビーチャー博士の画期的な臨床のレビューを皮切りに、長年研究がなされてきました。

このことを知っているにもかかわらず、医師は患者の恐れを和らげるために何もしようとしていません。それどころか、多くの医師が意図的に恐れをもっと染み込ませようとしているように思えます。これは私が毎日受け取っている大量のメールからも明らかで、患者は威圧的な医療システムに対しては言うまでもなく、恐れを抱かせるような医師からの残酷な見通しに何とか対処しようとしています。そして、この感情的な地雷原を歩く時の恐怖に打ち勝つためのアドバイスを、私に求めているのです。それは、私自身が癌だった時に経験したことでもありました。私は病院に行くのが大嫌いでした。というのも、病院にいると恐れが増すからです。病院にいると具合がさらに悪くなり、家にいるほうがはるかに気分がよくなりました。

「おっしゃりたいことはよくわかります。医療の処置や情報が冷酷で恐れを抱かせるようなやり方で提示されるために、癒しや健康のために作られたはずの施設が最も恐怖を感じる場所になっているとは皮肉なものですね。この〝ヘルスケア〟の施設は、実際、私たちの病気をさらに悪化させているように思えます」

「その通りです！　私たちは、一人の人間としてほとんど敬意を払ってもらえず、機械のように扱われています！」と、ダナは熱を込めて言いました。

恐れではなく愛から選ぶ

私は自分が病気を経験して以来、誰かが生命に関わる病気になった時には、その人の身体的な状態だけでなく感情的な状態にも注意を向けることが必要だと強く感じています。理想を言えば、ヘルスケアの従事者は患者に次のような質問をしてほしいと思っています。

◆あなたは自分を愛し、高く評価していますか？
◆あなたは幸せですか？
◆あなたにとって重要な人はいますか？　また、あなたのことを重要だと思ってくれている人はいますか？
◆あなたの人生には目的がありますか？
◆あなたは何に夢中ですか？
◆何があなたに喜びをもたらしますか？

ダナにそのように話すと彼女はうなずき、次のように続けました。「では、私は愛の場所から行動していて、自分にとって滋養になること、自分を育むことをし、私を助けてくれる人たちとつながっているとしましょう。とすれば、私は自分のガイダンスシステムと波長が合う場所に到達できるかもしれませんが、それでも治療法については難しい選択をしなければなりません。どの治療法を選ぶべきか、どうやってガイダンスシステムに尋ねたらいいのですか？」

「すばらしい質問です！　私なら提示された治療の選択肢をすべて取り上げて、一つひとつについてどう感じるかをチェックします。たとえば、『化学療法について考えた時、自分はどう感じるだろうか？』と自問します。それから、その方法は自然療法士の言うように自分の身体に毒を入れたように感じさせるものなのか、それとも癌細胞を滅ぼす助けとなるような強力なものなのかを見てみます。そして、『自然療法士が提案してくれたものについて考えた時、どう感じるだろうか？　化学療法で癌細胞を滅ぼすと同時に栄養価の高い食事で身体を支える、という組み合わせについてはどう感じるだろうか？　信仰に基づいたアプローチについて考えた時、希望を感じるだろうか、それとも恐ろしい感じがするだろうか？　この三つを組み合わせた方法についてはどうだろうか？』と尋ねます。

もし自然療法的な選択肢、腫瘍学的な選択肢、あるいは信仰に基づいた選択肢が複数あるなら、その一つひとつについて順番に考えていきます。毎回、自分に次のように尋ねるのです。『この選択肢に対してどのように感じるだろうか？　この選択をして人生の旅を続けると考えた時、力を得て強くなった気がするだろうか？　それとも恐れを感じて弱くなる気がするだろうか？　死そのものについてはどう感じるだろうか？　恐れでいっぱいだろうか、それとも死と折り合いをつけて、それは人生の一部だと考えられるだろうか？』

それぞれについて、私はその選択によって引き起こされる感情を観察します。そして、自分が最も力を与えられ、希望に満ち、幸せを感じられたものを選ぶでしょう。私の選択が自分を支えてくれている人を怒らせるかどうかは気にしません。なぜなら、誰でも本当に自分を愛してくれる人、自分に力を与えてくれる人、自分の選択を支持してくれる人に囲まれる必要があるからです。結局あなたの人生も健康も、あなたのものなのですから」

「なんとすばらしいアドバイスでしょう！」と、ダナが言いました。

「食事や栄養についてもまったく同じことが言えます。私たちにとって何がよくて何が悪いのかについて、矛盾した情報がたくさん存在しています。かつて私は、口に入れるものすべてについてとても不安に感じていました。私は二年間ヴィーガンでした。というのも、知り合いの自然療法士がその方法に絶大な信頼を置いていて、動物性タンパク質は癌を引き起こすと私にも信じさせたからです。その結果、私は栄養不良になり、様々な健康上の問題が現れてきました。でも、今お話ししたようなやり方で自分の身体や健康状態のチェックを始めてから、急激に体調が改善されていきました。そして、自分の身体にはタンパク質が大幅に不足していたのだとわかったのです。私はまず卵を食べ始め、それから魚を食べました。すると、すぐに調子がよくなりました。健康状態がよくない時は品質のよい自然食品を食べて加工食品は避ける、というような常識的なものはあるでしょう。でも私は、誰にでも合う食事法や食べ方は存在しないと思っています。ある食事法を唯一絶対のものとして支持することは、それを行わない人たちを恐れに陥れます。私の場合、ヴィーガンになろうという決心は恐れの気持ちからでした。特に、癌に対する恐れです。自分の身体への愛から決心したことではなかったのです。そして、もちろん私は癌になってしまいました。ヴィーガンの食事法がもたらす恩恵は、常に感じていた恐れによって身体が生み出したストレスホルモンで相殺されてしまったのでしょう。もし私が自分の身体を愛し、喜びにあふれた人生を生きるためにできることはすべてやろうと思っていたなら、自分の身体がどのような栄養を必要としていたか見つけようとしたはずです。私がそうしなかったのは、不安や恐れにすべてのエネルギーを使っていたからです。

必要があっても医療、あるいは自然療法の治療を受けないと言っているのではありません。私は助けが必要な時にはそれを求めなければならないと信じています。でも、そのような治療は私たちから力を奪うのではなく、私たちに力を与えるものであるべきだと思うのです。それが、以前とは違う点です。力を与えるものかどうかを知るには、自分自身でチェックしなければなりません」

私はさらに付け加えました。「最近は、この方法をあらゆる選択において使っています。たとえば講演会の日程が重なっていたらどちらにするかとか、新しいプロジェクトを引き受けるかどうかなどにです。何かを引き受けると決める前にはまずその状況にいる自分を想像し、喜びや情熱、目的をもたらしてくれるもの――自分を最も幸せにしてくれるものだけを受け入れています。

多くの人は、マインドでの分析によって選択肢の価値を見極めるように教えられています。つまり、それぞれの選択肢について長所と短所のリストを作り、長所の多い方を選択するということです。でも、そのように選択したものについて、実際どう感じるでしょうか？　心がウキウキしますか？　情熱でいっぱいになりますか？　実は、楽しみどころか不安ばかりで、早く終わってほしいと思ったりしませんか？」

「おっしゃっていることはもっともです！」と、ダナは感嘆の声をあげました。「私もまったく同感です。ハートに基づいた決断をするというのはすばらしい考えです！　でも、周囲の人たちはそのような考え方をしていないので、いつも頭の方に引き戻されませんか？　私たちが住む世界は、論理的な頭だけで生きるように要求しているように思えます」

「そう、年がら年中！」と、私は同意しました。「臨死体験ですばらしい経験をした後の今でさえ、私の内なるガイダンスが正しい生き方だと告げていることを、否定するように要求されている感じがします。私は常に、みんなに合わせるか、それとも自分の真実を生きて部外者になるかの選択を迫られています。たいていは両方を選ぶことはできません」

「そう感じているのは自分だけだと思っていました！」と、ダナは叫ぶように言いました。「今の私にとって一番頭を悩ませていることの一つは、私を愛してくれている、善意の人たちからの相反するアドバイスです。彼ら全員のアドバイスを受け入れることは無理だとわかっていますが、どうしていいのかわからなくて……」

「すべきこと」を無視する

私はダナがあまりにも以前の自分に似ていることに驚きました。そして、なぜ彼女に会いにくるよう引き寄せられたのかようやく理解しました。ダナのように、私もかつては人のことばかり考えていたのです。実のところ、私のことを好きになってもらうために他人を喜ばせようという思いは、今でもたまに浮かんでくることがあります。過去の私の人生は、ほとんどが他人が私についてどう思うかによって決定されていました。ですから、ダナと話していると、まるで鏡を覗き込んで臨死体験前の自分を見ているようだったのです。

「ダナ、私もまったく同じように感じていたわ」と、私は共感しながら答えました。「でも、人が私にあれやこれやすべきだと言っている時、彼らはおそらく自分の恐れから話しているのだと学びました。本人も気づいていないけれど、もし彼らが私の立場だったらするであろうことを言っているのだと思います。だから、私が彼らのアドバイスに従うとホッとするのでしょうね。

このような状況で役立つのは、まずは彼らのアドバイスや思いやりに感謝して、彼らが提供してくれた情報を自分の持っている情報と併せて考慮すると伝えることです。それから、私が最終的に選んだものが何であってもそれを支持してほしいとお願いします。たとえ彼らのアドバイスと違うものを選んだとしてもです。私は、彼らが自分の立場だった場合、私のアドバイスに従わなければならないと感じてほしくはありません。それに、私のことを本当に思っている人はたいてい、私の選択を支持してくれるはずです。彼らは自分が与えているプレッシャーに気づいていないのです。彼らがそのことに気づきさえすれば、プレッシャーも減るでしょう」

「アニータ、このことを母にお話ししてくださって私がどんなに嬉しいか、とても言い表せません」と、ベラが口をはさみました。「母はいつも他人を喜ばせようとしているのです。もし彼らのアドバイスに逆らったら、もうサポートしてもらえないだろうと恐れているのでしょう」

「もしそうなら、このことをお話しして本当によかったです。自分のハートに従ったという理由によって誰かのサポートを失うのなら、その人は今世の旅で支えてもらうべき人ではありません。

あなたが言う通りにしたからではなく、ありのままのあなたを周囲の人々がサポートしてくれることがとても大切なのです」

「ところで、お二人はすばらしい親子ですね」と、私は付け加えました。

「ええ、ベラがいてくれて本当に幸せです！」ダナはそう言うと、愛の込もった眼差しを娘に向けました。お返しにベラが母へと送った眼差しから、二人が同じように感じていることは明らかでした。

私は壁の時計を見て、思っていたよりもずっと時間が経っていたことに気づきました。

「まあ、もうこんな時間なのですね。まったく気づきませんでした。残念ですが、もう帰らないと」

私はベッドの方へ身体を傾け、ダナを抱きしめながらお別れを言いました。初めはとても弱々しく見えたダナですが、彼女の抱擁は力強く愛に満ちていました。

「来てくださって本当にありがとうございました。とても嬉しかったです。今日あなたと話したことは私の宝物にします。あなたの訪問がどんなに私の助けになったことか……」

彼女の目には涙があふれており、私まで泣きそうになってしまいました。

「強く生きてくださいね。決して本当の自分を忘れないように」私はそう言うと、自分のバッグを手に持って帰る準備をしました。

「わかりました」と、ダナは胸に手を当てて言いました。

ベラは私と一緒に病院を出て、タクシー乗り場まで送ってくれました。彼女の温かな感謝の気持ちを感じました。私がタクシーに乗ろうとすると、彼女は笑みを浮かべて言いました。「こんなに幸せそうな母を見たのは、本当に久しぶりです！　母が前向きになれるように助けてくださり、ありがとうございました」

「あなたとお母さまにお会いできて、私にとってもすばらしい日になりました！　お二人のおかげで、心から喜びを感じました」私はそう言って、タクシーのドアを閉めました。タクシーが角を曲がるまでベラに手を振り、その後タクシーはフェリーが出発する波止場へと向かいました。

ディスカバリーベイに戻るフェリーの中で、私はベラとダナと過ごした時間を味わい、会話を思い返していました。ダナの結末がどうなるのかは誰にもわかりません。彼女は生命力を取り戻すためのヒーリングの道を見つけられるのでしょうか？　それとも、私が経験的に知っている向こう側の世界へと移行するのでしょうか？　その結末がどうであろうと、旅そのものが最も重要であることを私は知っていました。彼女を訪問して、彼女の道が恐れや不安から愛と喜びの方向へと変わることを私は確信しました。彼女はその道で、自分を最もサポートしてくれる人や活動を求めることでしょう。

さらに、私自身の旅についても考えました。私は、たとえ自分に一番安らぎや喜びをもたらすものが何かを知っていても、その中心にい続けることがどんなに難しいかを再認識したのです。

でもその午後の訪問について言えば、ダナに会いにいきたいという衝動は、他人を喜ばせたいという欲求からのものではなかったとわかっていました。それは、彼女に会いにいくことが私自身を最も幸せにし、喜びや健やかさを高めてくれる選択だという内なる感覚によるものでした。そして、その通りのことが起こったのです！

今ここで天国を生きるためのヒント

もし「ヘルスケア制度が自分の健康管理をしてくれる」というのが誤った社会通念だとしたら、真実はどのようなものになるでしょうか？

✤可能性のある真実として、次のようなものを考えてみてください。

▼医師などのヘルスケアの専門家は、私たちの身体の状態について情報や選択肢を与えることができます。でも、私たちには自分の内なるガイダンスとつながって、最善の行動を決める責任があります。

▼身体が健康でないのは医療だけの問題ではありません。その原因は、環境とも関係します。精神的、感情的な状態、あるいはスピリチュアルな状態にも関係するかもしれません。

▼私たちは病気の犠牲者ではありません。なぜなら、他のことと無関係に病気になることはないからです。私たちは多くのレベルにおいて、自分の健康を改善するために様々なことができるのです。

▼病気は教師——たいていの場合は注意を喚起するもの——で、私たちによりよい道を示してくれます。病気は滅ぼすべき悪魔や悪いカルマの結果などではなく、ネガティブな思考のせいでもありません。死そのものも、私たちの敵ではないのです。

▼病気を呪いだと思うのではなく、その中に贈り物やメッセージを見つけるようにすると、その

ことが私たちに力を与えてくれます。病気の治癒にも役立つかもしれません。

✤ヒントとエクササイズ

▼もしあなたや愛する人が進行性の病にかかったら、「何か悪いことをしたから病気になった」とか「病気をやっつけようと闘わなかったからだ」と信じたくなる誘惑に抵抗してください。このような考えは、不当で害のある批判的な見方です。そう考える代わりに、サポートと理解と愛で自分自身や愛する人を包みましょう。

▼どんな種類の情報であれ、多すぎて負担になった時は情報の断食を考えましょう。少なくとも一日か二日、外の世界から新しい情報を取り入れないようにしてください。そうすれば、自分の内なるガイダンスシステムからの指示が聞こえやすくなります。

▼選択が必要な時にはいつでも自分のガイダンスシステムとつながれるようになりましょう。一つひとつの選択肢について考えながら、それがどんな感情を引き起こすか、どのような感じが

するか（希望にあふれて力を得たように感じるか、それとも恐れを感じて弱くなった気がするか）に注意を向けてください。そして、最も気分がよくなる選択肢に決めましょう。

▼選択肢について自分の真の感情とつながるのが難しいなら、硬貨を投げて裏か表かで確かめましょう。その結果に対する自分の直感に気づいてください。もし結果にポジティブな感じがしたら、その選択肢を選んでください。もし胃が締めつけられるように感じたら、違う選択肢を選びましょう。

▼恐れに圧倒されそうな時には、恐れる対象に意識を集中するのではなく、幸せを感じるものに集中してください。それが安らぎの状態、地に足のついた状態へと移行する助けとなり、自分のガイダンスシステムにつながりやすくなるでしょう。

▼他人があなたのすべきことについてしつこく言う時は、彼らは自分自身の恐れの場所から話しているのだと理解してください。彼らの愛と思いやりに心から感謝して、あなたが最終的にどのような決断をしようとそれをサポートしてくれるように頼みましょう。たとえあなたが彼らの望んだことをしなかったとしてもです。

▼医師から提示された治療法にどうしようもない怖さを感じているなら、医師に対して、自分の家族や愛する人が同じ病気になった時にはどんな治療をするか、尋ねてみてください。

▼もし医師があなたに、治ったという代わりに寛解期（この言葉は私たちの力を奪うので、個人的に嫌いです）だと告げたら、あなたと癌との関係は終わったと自分に言ってください。〝寛解〟という言葉の意味は「自分の使命を思い出す」ということだと考えましょう。人生を受け入れて、自分の使命を思い出す時が来たのです。

✤自分への質問

▼過去の病気や怪我について振り返ってみた時、当時の身体的な状況と精神的、感情的な健康、スピリチュアルな健康との間にどんなつながりがあるだろうか？

▼もし過去の病気が本当に自分の生き方を変えるための警鐘だったとしたら、身体はどんな変化を起こすように言っていたのだろうか？

▼ある特定の人たちに対して、自分の病状や治療の選択肢についてあまり話したくないと感じていないだろうか？　もしそうなら、たとえ相手がいい人であってもその人たちとは話さないと決心できるだろうか？

▼自分の身体的な状況にかかわらず、今日どのように心から人生を祝福できるだろうか？　人生を肯定するようなどんな活動に参加できるだろうか？

✤自分の健康に責任を持っていると言えるのは、次のような場合です。

▼ヘルスケアの専門家からも、友人や家族からも、喜んで情報を受け入れている。ただし、彼らの専門知識、気遣いに感謝しながらも、その情報に圧倒されたり、提案された通りに行動しなければならないと思ったりはしない。

▼自分が決断する時、恐れに影響を受けるのではなく、自分のガイダンスシステムにつながってその時自分にとって正しいと感じるものは何かを判断している。

▼自分の身体は、肉体的な健康だけでなく、精神的、感情的な健康、スピリチュアルな健康の状態を示すバロメーターだと理解している。そして、身体の与えてくれる学びとガイダンスに感謝している。

chapter 6

誤った社会通念❻――それは単なる偶然だ

私たちの住む香港とアメリカを飛行機で行ったり来たりする生活に、私もダニーもうんざりし始めていました。旅や冒険や新しい場所を楽しむのと同じくらい、あまりにも多くの時間を機内や空港、保安検査場で並ぶことに費やしていると感じていたからです。空の上にいない時は、複数の時間帯を横切るために起こる時差ボケに苦しんでもいました。

そこで、二〇一五年一月、とうとう私たちは思い切って香港からアメリカへ引っ越すことにしました。私たちはカリフォルニア南部を選びましたが、それは私が海のそばが好きで、二人とも温暖な気候に慣れているという理由からです。

新しい生活での動揺

私たちはアメリカでの生活が気に入り、カリフォルニアが好きになりました。でも、新しい環境のある側面が私に強い衝撃を与えることになったのです。それは、テレビのニュースです。ダニーは身支度をしながらよくテレビをつけて朝のニュースを見ます。これは、香港ではまったく気にならないことでした。というのも、香港のニュースはさほどワクワクするものでもなければ、土足で踏み込んでくるようなものでもなかったからです。ニュースのほとんどは、北京や台湾のような隣国政府との会議についての報告でした。

私がアメリカのニュースで衝撃を受けたのは、毎日報告される凶悪犯罪の多さです。アジアではそのようなニュースは稀で、特に銃の問題はほとんどありませんでしたが、アメリカでは学校や教会、劇場や個人宅での愚かな殺人事件が毎日のように放送されていました。想像しうる最も残虐な方法で、普通の人たちが殺されていたのです！　しばしば被害者は子供で、その多くは人種差別が動機のようでした。

これは私にとって、感情的にも心理的にも大きなショックでした。そこで、ダニーにテレビを消してほしいとお願いし、気持ちが明るくなるような音楽をかけることにしたのです。彼はすぐに応じてくれましたが、私のマインドの奥で何かがまだうるさく言っていました――たとえ音楽で自分の一日を始められたとしても、このような銃撃事件はまだ起こっているのだと。テレビをつけないことは、暴力事件が起こっていないという意味ではありません。自分がしていることは、状況や問題から目を背けているだけだと私は十分わかっていました。

二元性と非二元性

このような衝撃的なニュースが私にとてつもない影響を与えるのは、「私たちはみんなつながっているにもかかわらず、そのつながりに気づかずに殺し合い、憎しみを広げている」という理解があるからです。私たちは、自分の兄弟姉妹、自分の子供や両親、そして自分自身を傷つけているということに気づいていません。自分は他のみんなとは分離した存在だという思い込みが、世界中で起こっている戦争の主たる原因なのです。他の政府の指導者が自分たちの指導者に賛成しないという理由だけで、若者に対し、戦争に行って相手の国の人々（たいていは若者）を殺すように教え込みます。そして、一番多く殺した人、あるいは一番多く味方を救った人を戦争の英雄として称えます。けれど、殺すことと救うことは、同じ硬貨の両面です。もし殺すことをやめれば、救う必要もなくなるでしょう。

私が死んだ時に理解したのは、私たちが殺す相手は自分と別の存在ではないということです。私たちは指のようなものだと想像してください。それぞれの指は他の指とまったく別の存在だと信じていますが、私たちが死に直面した時、一本一本の指は実は同じ手の一部であることを発見するのです。もし生きているうちにこのことを知っていたなら、他の人を殺したりはしないでしょう。誰しも自分の手のどの指も切り落としたくはないはずです。

すでにお話ししたように、臨死体験中、私には身体がなかっただけでなく、性別、人種、文化、宗教、信念、エゴもありませんでした。このようなこの世の要素を何も持っていなくても自分が縮小した感じはまったくなく、むしろはるかに拡大していました。私は拡大した、より強力な、すばらしい存在でした。実のところ、いつも自分だと考えていたこの世での要素が私を小さくし、制限して、本当の私よりもはるかに劣ったものにしていたのです。私を制限するこれらの境界線さえなければ、私は無限です。私はあらゆるものの一部で、あらゆるものと一つなのです。

ところが三次元のこの世では、私たちが現実として見ているものを作り上げるために、対比と相違が必要になります。これが二元性と呼ばれるものです。私たちは、他のものと比較することによってのみ何かを認識できるのです。でも、このように違いに注目することによって、私たちはしばしばお互いを敵として見てしまいます。

この世では、判断しないことはほとんど不可能です。というのも、私たちは常に識別し、区別し、判断しなければならないからです。それが私たちの、人生の航海の仕方なのです。私たちは、善か悪か、ネガティブかポジティブか、光か闇かを区別できなければなりません。これらは互いに対立した性質として認識されます。私たちはいつも比較と判断をしながら、常に選択をしています。そして、ある選択が自分や周囲の人たちをより幸せにした時、その選択が他の選択よりもよいものだと信じます。確かに、私たちにより役立つ選択というのがあるように思えます。どの選択が自分に最も役立つかという学びによって、私たちは人生を切り抜けていくのでしょう。

でも、私が臨死体験中に学んだことは、互いに対立していると認識していた性質が本当は対立していないということでした。それは協力し合って働いており、もし一方がなくなればもう片方も消えてしまうのです。片方を知ることなしに、もう一方を知ることはできません。あらゆるものが同時にわかる完全な明晰さの中においては、分離というものは存在していませんでした。

つまり、私は同時に硬貨の両面を見ることができただけでなく、実はそれらは同じ一つのものであると理解したのです。メビウスの帯には、裏と表がありそうに見えても本当は一面しかないように……。非二元性の世界では私たちは硬貨になり、いかなるものが存在するにも両面が必要だと完全に理解します。結局のところ、片面しかない硬貨は存在できません。ですから私は、向こう側の世界では人生をありのままに受け入れていました。実際それは受け入れるという以上のもので、私はあらゆる人やあらゆるものに対して完全な無条件の愛を感じていました。自分自身や他のすべての人に思いやりや共感を抱いていたのです。

さらに、自分や他人のあらゆる行動の理由がわかりました。他人を傷つけるようなひどい行動についてさえもです。すべてがわかっていき、見事なタペストリーの全体が目の前で明らかになりました。そして、他人を傷つけるような行動も含め、私が人生で行ったことの多くは制限のある見方からなされたものだと理解しました。言い換えれば、自分が他人を傷つけた時のその行為は、自分自身の苦しみや恐れ、無知、気づきの欠如からやってきていたとわかったのです。私はいつでも、その時に知っていたことの中で、最善のことをしていたのです。私たちが破壊的になるのは最終手段であり、制限のある観点からよいか悪いかを判断して、他に選択肢がないと信じた時にのみ相手を傷つけるのだということを、私は無限の領域の観点から理解しました。

死んだ時、私たちはひと目で自分の人生の全体像を見ることができ、出来事や状況が起こった理由、自分の選択の理由を理解することができます。これは、犯罪者についても言えることです。多くの場合、私たちが悪人とラベルを貼った人たちは、彼ら自身の狭い見方による犠牲者だと言っていいかもしれません。たとえば、刑務所には女性よりも男性が多く収監されていることを考えてみてください。それに、なぜ特定の人種の人たちが多いのでしょうか？　なぜ刑務所の大半の人が下層階級出身なのでしょうか？　私たちの社会は偏見や妨害、過度な期待によって、犯罪を生み出すのを助長しているとは言えないでしょうか？

あらゆる犯罪の背後には、一人の犯人だけでなく人々や出来事の複雑な絡み合いが存在していますが、それは宇宙的視野から見ればすべて納得のいくことです。私たちは、一人の悪人あるいは悪人グループさえ牢獄に入れてしまえば世の中はよい場所になると考えがちです。でも、その人物が人生で出会ったすべての人や経験——学校でいじめられたり、人種差別にあったり、家庭で虐待されたりしたことなど——が彼らの決断や行動に影響を与えたということまでは、理解していません。

臨死体験をしていた時は、みんなつながっているという認識がとても強く、たとえ殺人者や児童虐待者であっても、たとえ物質世界で私が嫌い、軽蔑している人たちであっても、彼らに対して完全な理解と思いやり以外何も感じませんでした。もっと言えば、彼らにその道を選ぶようにさせたそもそもの苦しみに対して共感し、犯人とその被害者の両方に完全な無条件の愛を感じたのです。私は臨死体験によって、人々は無知から、あるいは苦しみを感じているため、または（虐待を受けたことや精神的な病によって）自分の本質と切り離されて感情を感じられなくなってしまい、他人を傷つけるのだと理解することができました。

向こう側の世界で審判はなかったと発言したことで、私はソーシャルメディアで非難を浴びました。このような考え方が人々に受け入れられないのは、それが伝統的な宗教の教えに反しているからであり、また、私たちが〝自分と彼ら〟という観点で物事を考えること、自分に害を与えた人は死後に制裁を受けると信じることを、好むからでしょう。私の経験した真実が一般的な信念と対立する場合、それを共有するのは難しいこともありますが、私の真実を聞く必要のある人が耳を傾けて、そこから恩恵を得てくれるだろうと私は信じています。

少し前に、このことを確認できるような出来事が起こりました。私は刑務所にいる一人の男性から手紙を受け取ったのです。執行猶予なしの二十年の禁固刑を言い渡されたと書いてあったので、かなりの重罪だったのだろうと想像しました。彼は服役中に、ＰＢＳテレビの特番でウエイン・ダイアーが私にインタビューするのを見たそうです。そのインタビューで私は、「向こう側の世界では、私たちがしたことに対する審判は存在しない」と言いました。なぜなら、その次元ではすべてが明らかになるので、私たちは自分がなぜそのような行動をしたのか理解できるからです。

彼は私の発言に非常に興味をそそられ、刑務所から姉に電話して、私の本を買って送ってほしいと頼みました。その後私に手紙を書き、インタビューと私の本のおかげでどんなに安堵できたかと伝えてくれたのです。自分の犯した罪のせいで彼は地獄へ行くと信じており、そのためものすごく死を恐れていました。彼は、自分が悪いことをしたと知っていました。私はそれが何であるかは尋ねませんでしたが、手紙には、罪を犯した時、自分は若くて愚かだったと書かれていました。もしもう一度チャンスを与えられたら、もしくは少しでも状況が違ったなら、決して自分は犯罪を起こさないと彼はわかっていました。

彼は当時二十歳でしたが、その時点まで人生はうまくいっていました。ところが友人たちと一緒の時、つい魔が差してしまったのです。彼は自分の犯罪を悔いており、人生最大の過ちだと思っていました。そして、すでに自分の人生で償ってはいましたが、死後も永遠にこの過ちを償い続けなければならないという思いが彼を悩ませていたのです。私の話によって、刑務所に入って以来初めて心が安らいだとも書いてありました。彼は生涯かけて自分の過ちを償いたいと思っており、その時が来たら安らかに死ねるとようやくわかったそうです。私は彼の手紙を読んで涙を流しました。それは、一般の人たちが聞きたいと思うことに迎合するのではなく、私にとっての真実を話すことが正しかったと確信できた瞬間でした。私は彼に返事を書いて彼の手紙がどんなに私の助けになったかを伝え、それを読んだ彼もまた感動したのでした。

偉大なタペストリー

私たちの言語には、非物質世界で私が経験したことを正確に表すための言葉が存在しないので、私はよくタペストリーのたとえを使って説明しています。タペストリーのように、私たちの人生という糸は他人の人生の糸と互いに織り合わさっているのです。想像しうるあらゆる種類の糸が無数に紡がれて、すべての人生がキラキラ輝いている様子を想像してみてください。これまで人生を生きたありとあらゆる人を表す様々な糸が存在し、それらは複雑に織り合わさり、入り組んだカラフルなパターンの驚くべきイメージを作り上げています。糸が互いに絡み合い、四方八方から織り込まれ、キラキラ光る美しさと優雅さを湛えています。タペストリー全体がまるで生きもの――一本一本の糸が絡み合うことで活性化する一つの生命体――のように見えます。それらの糸は、山や海、象、マンゴー、摩天楼や飛行機、ソファー、あなたや私など、これまで存在したことのあるあらゆるものを形作っています。

では、タペストリーを織り上げている一本の糸を辿ってみましょう。その糸は織物の中を縫うように進み、上に行ったり下に行ったりしながら、ここでは何本かの糸と触れ合い、あそこでは他の糸を飛び越え、その後また別の糸の下に滑り込み……と旅をします。この一本の糸は直接すべての糸と触れ合うことはありませんが、この糸と触れた何本かの糸が織物の横糸や縦糸となって、また別の糸に触れることでしょう。すべての糸が、美しい宇宙の芸術作品を作り上げるためにつながり合い、全体としてこの上なくすばらしい調和の物語を示しているのです。一本の糸を抜き取っただけでも、全体の物語は同じではなくなるでしょう。それぞれの糸が全体のイメージにとって欠かせないものであり、物語に絶対必要な要素です。そう、私があなたに辿ってほしいとお願いしたこの一本の糸は、あなたとあなたの人生を象徴しています。

物質世界で生きている間、私たちはタペストリー全体を見ることはできません。そこに存在するすばらしい物語やイメージ、それぞれの糸がいかに全体を作り上げているのかはわからないのです。私たちは、現在の瞬間——一本の糸で表された自分の旅の一点——にしか気づいていません。そして、この限られた観点から、それぞれの瞬間に自分が持ちうる限りの知恵で、自分の望む物語を織り上げるために最善を尽くしています。のちに自分が織り上げた物語を悔いることがあったとしても、その瞬間にはそれだけの知恵しかなかったのです。

でも、このことは覚えていてください。物質世界の観点から私たちがその物語をどのように見ていようと、非物質世界から見ればタペストリー全体は完璧なのです。より高次の観点から見れば、あらゆるものが本来なるべきようになっており、それ以上よいものにはなりえません！　私が向こう側の世界にいた時、自分は単なる一本の糸には見えませんでした。私は神のように全体を見渡すことができ、ずっと前から織り込まれていた物語全体を見て、感じて、理解することができました。そして、自分が他のすべての糸とどのようにつながっているかもわかったのです。

何年も前、両親が決めてくれた結婚から逃げ出した後、私は自分の家族や婚約者の家族に恥をかかせたという罪悪感を抱きました。お見合い結婚は私たちの文化ではごく普通であり、しかも望まれることなので、私が婚約を破棄した時、コミュニティの多くの人が私を除け者扱いしたのです。でも、もし私は何も悪いことをしておらず、それどころか正しいことをしたのだとしたらどうでしょうか？　もし、当時私が思い込まされていたように、前世の悪いカルマのせいで宇宙が私を罰していたわけでも、苦しめていたわけでもなかったとしたら？　私の行動がお見合い結婚の根本的な問題に光を当て、特に私のように多文化のコミュニティで育った人たちの助けになったのだとしたら？　そう、おそらく私は他人を助けるという目的のために、勇気を持って一歩踏み出すことになっていたのです。特に、婚期に達した子供を持つ親たちに、自分の子供に対して誤った判断をする前によく考えてもらうためです。

私たちはみんなつながっています。私たち一人ひとりのすることは他のみんなに、そして、タペストリー全体に影響を与えています。私はもう、結婚から逃げ出したことへの罪悪感を持ってはいません。故意でなかったとはいえ他人を傷つけてしまったことに対し、自分を責めてもいません。より大きな宇宙の観点から見れば、そのように展開されることになっていたのだと理解したからです。今の私は罪悪感や自己批判の感情は手放し、あらゆるものはこの美しい無限の宇宙のタペストリーの中で、あるべきように存在していると信じています。

私たちはみんなつながっている

この数年、私の人生にはとても多くの、様々なシンクロニシティが起こりました。それは、私たちがつながっていることを何度も繰り返し確認させてくれました。私にとってシンクロニシティとは、まったくありえないようなつながりが私と他人との間に生まれることです。そういう時、単なる偶然という考えはこじつけにしか思えません。

たとえば、二〇〇六年の二月に香港の病院で私が昏睡状態だった時、夫は私のそばにいて、私の意識が戻るように願っていました。同じ頃、母はヒンドゥー教の寺院で、強い信仰を持つシヴァの神に祈っていました。そして、インドにいる仏教徒の義妹モナも同様に、私のために十時間の深い瞑想と詠唱を三日間にわたって行っていたのです。のちにモナは、十時間の瞑想と詠唱を終えて五分もしないうちに家族から電話を受け、私が集中治療室を出て回復室へ運ばれたことを知ったと教えてくれました。

シンクロニシティのもう一つの例は、ウエイン・ダイアーが私の人生にどのように現れ、彼がいかに本の出版を助けてくれたかということです。『喜びから人生を生きる！』に詳しく書きましたが、私が自分の体験をもっと多くの人たちと分かち合う準備ができたちょうどその時、作家で過去世回帰セラピストのミラ・ケリーが、インターネットに投稿した私の話をたまたま目にしました。とても胸を打たれた彼女がその翌日にウエイン・ダイアーに電話をして私の話を教えると、彼はミラが送ってくれた私の記事を読んで夢中になり、すぐに私を見つけ出して体験を本にするのを助けようと決めたのです。

これより小さな規模でも多くのシンクロニシティが起こり続けており、そのことは私たちが相互に結びついていることを確かめさせてくれるだけでなく、日々の人生に面白みと喜びを与えてくれています。人々が私に会いたいと切実に願ってくれて――あるいは私が彼らに会いたいと切実に願って――、その結果私たちは思いがけず出会うことになり、お互いの人生にとても深い影響を与え合うのです。

数年前、私はインドのプーネにいる母を訪ねましたが、ちょうどその数週間前に私の本が出版されたばかりでした。アメリカでウエイン・ダイアーのテレビ番組にゲスト出演してからというもの、私の人生は加速度的に変化しており、そんな中、私は母に抱きしめられて我が家にいる感覚を味わいたいと切に願っていました。そこで、母との時間を過ごすために、旅続きの忙しい生活の中で思い切って休みをとったのです。

プーネは人口五百五十万人の大都市で、三千年の歴史を持つ重要なスピリチュアルの中心地として考えられています。母はプーネの比較的静かな地区に住んでいましたが、ある日の午後、二人で活気あふれる中心街へ行ってみることにしました。そこは入り組んだ迷路のような通りや路地ばかりで、あらゆる種類の露店がひしめき合い、交通や騒音、群衆が入り乱れ、ごった返していました。歩きながら、私は様々な色彩や音や匂い、そしてたくさんの人々がぶつかり合うエネルギーの無秩序さを楽しんでいました。

道を空けるようにとベルを鳴らす人力車や自転車、スクーターの間を縫いながら、私たちはカタツムリのようにゆっくり進んでいる牛車から身をかわして歩きました。狭い通りを縫っていくと露天商が並んでいて、香辛料の効いた野菜料理、パン、揚げたおやつ、お菓子、おもちゃ、美しい織物や衣類、カラフルなハンドバッグ、帽子やサンダル、風船、台所用品など様々なものが売られていました。このような景色や音が、お香、レッドカレー、魚、腐りかけた野菜、ガソリン、香水、牛の糞などの匂いと混じり合っていたのです。そのすべての情景は言葉では十分に表せませんが、まさに感覚にとってのお祭りのようでした。

これらを見物していた時、香辛料の屋台と仕立屋の間にある見逃してしまうほど小さな店のウィンドウに、とても魅力的なスカートを見つけました。そのカラフルなスカートは美しいインドの布地をパッチワークにしたものでしたが、魅惑的な海の精の歌のように私に呼びかけ、抵抗しがたいほど手招きしていました。そこで母と私は、そのスカートを見るために小さな店の中に入っていきました。

「こんにちは。ウィンドウに飾ってあるスカートを見せてもらえますか？」

「もちろんです」若くてきれいな女性がカウンターの後ろから出てきて、愛らしい笑みを浮かべながらそう言いました。彼女は店の前へ行くと、ウィンドウに飾ってあったスカートを下ろして私に手渡してくれました。

「どうぞ試着して、どんな感じか見てください。とてもお似合いになると思いますよ」私がスカートをウエストのあたりで持って全身大の鏡の前に立つと、彼女は愛想よく言いました。

彼女の態度はまったく押しつけがましくなく、正直さと優しさにあふれていました。私は、彼女はきっとこの店のオーナーで、置いている品物に誇りを持っているのだろうとわかりました。彼女からはなんとしても売ろうという商売気が感じられなかったのです。お客さんとの人間的なつながりを大切にし、気遣っているようでもありました。

「試着室はありますか？」

「ええ、この隅です。カーテンの後ろで試着してください」

私はカーテンの後ろに行って、スカートを試着しました。外に出るとお店のオーナーと母が、とてもきれいなスカートで私によく似合うと言ってくれました。試着室に戻ろうとした時、その若いオーナーが「どちらからいらっしゃったのですか？　この土地の訛りはないようですから、この辺の方ではないですよね」と言いました。

「その通りです。私は香港育ちで、今も香港に住んでいます」と、私はカーテンの後ろから答えました。

「まあ、なんて偶然でしょう！」買うつもりでスカートを手渡した時、彼女はそう叫びました。「今、香港に住むインド人女性の書いたびっくりするような本を読んでいるところなんです。著者の名前はアニータ・ムアジャーニさんというのですよ。彼女のことを聞いたことがありますか？」

彼女が私の名前を言った時、驚きのあまり私は開いた口がふさがりませんでした。

「それは私です！　私の本を読んでくださっているのですね」とびっくりしながら言うと、今度は彼女があっけにとられたようでした。

「なんですって！　冗談でしょう！　そんなこと信じられません！」と彼女は叫び、明らかに衝撃を受けたようでした。そしてカウンターの後ろへ行くと、見覚えのある青色の表紙の本を引っ張り出してきて、著者の写真が載っているカバーをまじまじと見ました。それから「まあ、本当にあなたなのですね！」と言って店の外へ走っていき、近所の屋台やお店の人たちに呼びかけました。

「先週、私がずっとある本に釘づけだったのを知っているでしょう？　みんなに邪魔しないでって言って、毎日お昼休みに読んでいたわよね。実はこの女性が、あの本の著者なのよ！　彼女が私の店にやってきてくれたの！」と彼女が大きな声で誇らしげに言った時、私は満面の笑みを浮かべずにはいられませんでした。彼女は母と私にチャイを持ってきてくれと誰かに頼み、カウンターの後ろから折りたたみの木製椅子を取り出して、小さな店の中央に置きました。

「どうぞお座りください。すぐにお帰りにならないでくださいね。あなたが私の店にいらっしゃるなんて、本当に信じられません！」

私は何を言っていいのかわからず、口ごもってしまいました。地球上で最も思いもよらぬ場所での驚くようなつながりに、私はただ驚嘆するばかりでした。私の本は出版されてからまだ二ヶ月しか経っておらず、混雑した大都市プーネのど真ん中にある小さなブティックの店員が、この本を見つけて読むというのは信じがたいことだったのです。

「ご挨拶が遅れましたが、私はギータです」私と同様に、彼女もまだ驚いているようでした。

「どのようにして私の本と出会ったのですか？」と、私は尋ねてみました。私の本はアメリカと数えるほどの国でしか出版されておらず、インドではまだ入手できないと知っていたからです。

「いとこがイギリスに住んでいて、あなたの本を読んだのです。それで、私も絶対読むべきだと言って送ってくれました」

「世界はどんどん狭くなってきていて、私たちみんながつながっていることには驚かされますね。はるか彼方のイギリスにいるあなたのいとこが私の本を送ってくれて、こうやって私があなたとばったり出会うなんて、本当にすばらしいことです！」

「この本を読みながら、私はいつかあなたに会いたいと何度も願いました。あなたにお話ししたいことが山ほどあるのです。まるで、私の強い思いがあなたを引き寄せたような気がします。こうやって、目の前にあなたがいらっしゃるなんて！」そう言いながら、彼女は目に涙をいっぱい浮かべました。

「確かに、あなたの意志の力が私をここに連れてきたのでしょう」と、私は自分が彼女のためにここに来ることになっていて、彼女もまた私の人生に影響を与えることになっていたのだと確信して言いました。「私はあなたのためにここにいるのだと思います。ですから、どんな質問でもしてください」

まだ涙でいっぱいの目をしながら、ギータは自閉症の息子について話してくれました。彼女は美しく愛に満ちた母親で、息子さんはそんな母親を持って恵まれていると私は思いました。でも、彼女は今難しい問題にぶつかっており、息子とわかり合うのはもう無理だと感じていたのです。その状況は胸が張り裂けそうなほどつらいもので、ぜひアドバイスがほしいと彼女は言いました。

「言葉ではなく、ハートで話をしてください。私たちはみんなつながっているということを思い出してください。あなたの気分がよくなれば、息子さんの気分もよくなります。自分や自分の欲求に気を配ることはとても重要なのですよ。

子供は私たち誰もが持っているつながりにとても敏感ですが、障害を持つ子供たちは周囲の人たちに対してとりわけ敏感なことに私は気づきました。息子さんは、あなたの感じていることをすべて感じています。ですから、自分がもっと満足感を得るには何が必要か、どうすれば自分をもっと愛してサポートできるかと自分自身に尋ねることから始めてください。あなたが再び幸せを感じ始めたら、必ずそれが息子さんにも影響を与えると思います」

私がそう答えると、ギータは目に見えてほっとしたようでした。それから会話は明るくなり、私たちはシンクロニシティについて話し、私の家から見て地球の裏側にある五百五十万人もの大都市でお互いに出会ったのはなんとすばらしいことかと語り合いました。そして、一時間くらいおしゃべりをしてそろそろ帰らなくてはという時間になり、私がスカートの代金を支払おうとすると、ギータは包みを私の手の中に押しつけて「これは私からの贈り物です」と言いました。

「いいえ、受け取れません！」

「ぜひ受け取ってください。このスカートをはくたびに、今日のことを思い出してほしいのです」

彼女の寛大さに私は深く心を動かされ、心から感謝して彼女の贈り物を受け取ると、私たちはまるで離れればなれになる姉妹のように抱き合いました。

「またぜひいらしてくださいね」と、彼女は大きな声で言いました。

「ええ、次にプーネに来た時には必ず」私はそう答えました。

私と母は軽やかな足取りでその店を後にしました。手の込んだ宇宙の働きはいつも私たちに喜びと励ましを与え、どこに行こうと、行くべきところへとちゃんと案内してくれるのです。

愛だけを意図する

毎晩私は眠りにつく前に、ベッドで横になってその日一日を振り返り、地球上のどんな人にも一人残らず愛を送っています。結局、私たちはみんなつながっているのです。彼らが何をしたか、誰を助けたか、誰を傷つけたかなどは、私にとって問題ではありません。たとえ、彼らが傷つけたのが私であったとしてもです。その中には、連続殺人犯やレイプ犯もいるでしょう。私は自分が拡大していき、死刑囚を含むすべての人たちに手を差し伸べて一人ひとりを抱きしめているところを想像しながら、意図的に愛を送ります。おそらく、愛を感じるとはどのようなものかを彼らが知っていたなら、そもそも殺人など犯さなかったでしょう。憎しみや暴力に対抗する手段は、さらなる憎しみや暴力ではなく、愛を与えることなのです。

今ここで天国を生きるためのヒント

もし「それは単なる偶然だ」というのが誤った社会通念だとしたら、真実はどのようなものになるでしょうか？

✤可能性のある真実として、次のようなものを考えてみてください。

▼私たちは大きな宇宙の一部であり、物質世界では目で見ることはもちろん、想像さえできないような複雑なやり方でお互いにつながり合っています。

▼私たちがみんなつながっているとすれば、他人を傷つければ自分も傷つき、他人を助ければ自分も助かるということになります。

▼もしすべてがつながっているという非二元性の観点から物質世界を見ることができれば、起こることはすべてそのままで完璧だとわかるでしょう。たとえ、この世での制限のある見方ではそのように思えなくてもです。

✤ヒントとエクササイズ

▼もしあなたが自分を痛めつけ、過去の自分の行動を「間違いだった」と批判しているなら、当時のあなたは自分にできる最善のことをしたのだということを思い出し、その時に知っていたことや感じたことについて考えましょう。

▼どこかへ行くように、あるいは何かをしたり言ったりするように導かれたと感じたら、その第六感に従うようにしてください。シンクロニシティによって人とつながる可能性を受け入れま

しょう。

▼あなたが少しだけ批判している人に対して、もっと思いやりを持つ練習をしてください。自分のハートを開き、相手やその行為を受け入れることが容易になってきたら、その最初の相手よりも厳しく批判している人に対して思いやりを持つようにしましょう。あるレベルで楽に思いやりを持てるようになったら次のレベルへと進み、さらに思いやりを持てるようにします。

▼ネガティブな出来事に関するニュースに注意が向いているなら、気持ちが明るくなるような話題にもっとたくさんの注意と時間を注ぐようにしてください。すべてが暗い見通しに思える時でも、それは単にメディアが伝えていることだということを覚えていましょう。この世にはそれと同じだけの善が存在しています。ですから、悪いことを否定はせずに、よいことを探して十分に楽しみましょう。

▼外国を訪問している時、あるいは異文化の人と一緒に過ごしている時、子供への愛や家族に対する献身といった共通する部分を探してください。また、相手に「変わっている」とラベルを貼るのではなく、「その人は自分とは違うのだ」と考えるようにしましょう。子供に対しても、

できるだけ小さなうちからこのことを教えてください。

✤自分への質問

▼人や状況に対して制限のある批判的な見方をすることで、自分自身を抑えつけたり傷つけたりしていないだろうか？

▼どんな事情や状況が、私に他人を傷つけるようなことをさせたり言わせたりするのだろうか？

▼もし自分がすべての人やあらゆるものとつながっていると心から信じていたら、それは私の思考や言葉や行動にどのような影響を与えるだろうか？

▼私はどんな罪悪感をまだ持っているだろうか？　過去を振り返り、自分の言ったことやしたことに対してもっと思いやりのある見方ができるだろうか？（もしできなければ）親友や愛する人の行動に対してそうすることは可能だろうか？　どうすれば、他人に与えるのと同じくら

いの理解や思いやりを自分にも示せるだろうか？

✤真のワンネスを経験していると言えるのは、次のような場合です。

▼ランダムな偶然に思えることが実は、自分を導いている壮大な計画の一部であると思い出させてくれるような、嬉しいシンクロニシティが起こる。

▼最終的にすべては善のために協力し合って働くという理解があり、即座に自分や人に対して好意的な解釈ができる。

▼痛ましい状況を目にした時、批判や怒りから反応するのではなく、まず最初に苦しみや混乱を引き起こした人に対する思いやりを多少なりとも示すことができる。

chapter 7

誤った社会通念❼——死んだら自分の罪を償う

私たちの乗った飛行機がロサンゼルス上空を旋回しながら着陸態勢に入った時、私は窓から街を見下ろしました。公園や庭園、プール、交通渋滞の車などが目に入りましたが、上空から見ると、それらはすべて小さなおもちゃのようでした。

飛行機に乗る時、私はいつも窓側の席に、ダニーは通路側に座ります。彼は脚を動かすためにすぐ立ち上がって歩けるような場所が好きで、私は窓の外を見ながら到着地の街を感じるのが好きなのです。私は建物やその界隈、ハイウェイや吊り橋、山々や農地など、すべてのものにワクワクしました。雲の上にいる時に窓の外を眺めるのも大好きでした。なぜなら、二〇〇六年の臨死体験の時に感じたのと同じように、宇宙と一つになっているのを感じられるからです。

「ダニー、見てみて！　有名なハリウッドのサインよ！」私は興奮気味にそう言って、彼が見えるように頭をよけました。ロサンゼルス国際空港に降り立つのは、これが初めてではありませんでした。アメリカ国内のフライトの多くがこの空港を経由していたので、カリフォルニアやその周辺で何度も講演をしているうちに、私たちはここにとても親しみを感じるようになっていました。

ダニーが窓の外を見ようと私の肩の方に頭を傾けたその時、突然の揺れを感じたかと思うと、機体が真っ青な空の方へ上昇し始めました。そして、「皆様、機長からご連絡いたします」と男性の声でアナウンスが流れてきました。

「この飛行機は着陸準備をしておりましたが、着陸装置に小さな技術的問題が発見されたため、再び上昇しております。現在問題の解決に取り組んでおり、数分後に再度着陸を試みる予定です。着陸時、滑走路に消防車や救急車が待機しておりましても、安全の手順の一環ですので、どうぞご心配なさらないでください」

ダニーと私は当惑した表情で見つめ合いました。「少なくとも、一緒でよかったわ。だって一緒に逝ったら、あなたが私を連れ戻しにこなくてすむでしょう」

今でこそこのようなことを言っていますが、九年前、私が死の床にあると全員が信じていた時、誰一人として冗談は言いませんでした。二〇〇六年二月、末期の悪性リンパ腫に冒されていた私は昏睡状態に陥り、身体の器官すべてがその機能を止めようとしていたのです。私はすでに四年間もこの癌と闘っており、二月のその日、医師は家族に対してあと数時間の生命だと告げました。

この癌との闘いで、ダニーが私の頼りでした。私は彼のおかげで頑張ることができたのです。とうとう昏睡状態に陥った時、彼は決して私のそばを離れようとはせず、私の手を握って耳元で囁きながら、戻ってくるようにと切実に願っていました。向こう側の世界にいた時、私はダニーの人生の目的と私の人生の目的がつながっていて、もし私が死ぬことを選択すれば、後に続いて彼もまもなく死ぬだろうと感じました。彼は自分の目的を成し遂げることができなくなるからです。ただ、それも悪いことのようには感じられませんでした。私たちは生きている時も死んでからも一緒にいることになっており、たとえ私が死を選ぼうと彼を失うということはないのです。

私たちはいろいろな点で正反対です。ダニーは寒い気候が好きで、私は暖かいほうが好きです。彼は雨が好きで、私は太陽の光が好きです。彼は都会が好きですが、私は海辺が好きです。私はどちらかといえば芸術肌で、彼は分析屋です。私は視覚的な人間ですが、彼は技術面を重視します。でも私たちはとても気が合い、二人の人生は密接に絡み合っていて、どこまでが彼でどこからが私かを決めるのも困難なくらいです。

「僕たちは死なないよ」飛行機が上昇していった時、ダニーはおどけたような口調で言いました。そして、「もし車輪が降りなければ、胴体着陸するからね」と言って、私の手をしっかり握ったのです。

「まあ、それって私たちの荷物があるところでしょう?」と、私はため息をつきました。「飛行機の胴体が引き裂かれて、私の洋服やストールや靴や財布などすべてが滑走路に撒き散らされるのね」

「いや、そんなことにはならないよ」と、ダニーはクスクス笑いながら言いました。「滑走路に泡が撒かれて、それが潤滑油と防火剤の働きをするんだ」

彼は私が状況を深刻に考えていないことを知っていましたが、彼の分析的な頭はそのシナリオについて考え抜き、実際に起こる前に問題の解決法を見つけていたのです。それがまさにダニーでした。私は彼のそんなところを本当に頼りにするようになっていました。

私たちの会話は突然、車輪が着陸するものすごい音に妨げられました。飛行機がロサンゼルスのトム・ブラッドレー国際線ターミナルに到着した時、乗客たちは明らかに安堵したようでした。

空港での出会い

サンノゼへの乗り継ぎ便に乗るため44ゲートへ向かっていた時、一人の男性が私を見ているような気がしました。でも、彼の方を見ると目をそらしたので、その時は私の勘違いだと思いました。指定されたゲートに到着して係員に搭乗券を見せると、目的地の霧がひどいため出発が二時間遅れると言われました。一時間のフライトなのに、二時間も待たなければならないというのです。

係員も同情してくれましたが、どうしようもありませんでした。他のフライトへの変更も無理でした。サンノゼでは午前中ずっと霧模様だったため、同じような人たちがたくさんいたのです。そういったわけで、その日のフライトはすべて遅れていました。

長い待ち時間に備えて、まずは腰を下ろしてくつろごうと座る場所を見つけ、ダニーはｉＰａｄを充電するためにコンセントを探し始めました。自分のｉＰａｄを取り出してメールチェックをする前に紅茶を飲みたいと思った私は、手荷物用のスーツケースを椅子の上に乗せ、ダニーにも何か飲みたいか尋ねました。すると、彼はコーヒーを買ってきてほしいと言いました。

私はホールを横切ってそのセクションに一つしかないカフェへと向かい、自分用のチャイとダニーのコーヒーを注文しました。ダニーのところへ戻る途中、また誰かに見られているような感じがしたので視線の方へ目をやると、また前と同じ紳士がいました。でもこの時は彼は顔をそらさず、黒く鋭い眼差しを私の方にまっすぐ向け、少し微笑みながら軽く会釈しました。まるで私のことを知っているようでした。四十代中頃から後半くらいの白髪混じりの男性で、何よりも目を引いたのは、彼の表情がとても悲しそうだったことです。

私も微笑んで会釈し、チャイとコーヒーを持って席に戻りました。そして床の上に飲み物を置いて椅子に腰掛け、自分のバッグからｉＰａｄを取り出して見上げた時、悲しい黒い目をしたあの男性が少し照れ臭そうに私の前に立っていたのです。

「こんにちは。アニータ・ムアジャーニさんですか？」

「ええ、そうです」

彼が私の名前を知っているので驚きました。

「あなたの本を読んで、YouTubeの動画もたくさん拝見しました。あなたのメッセージにとても癒されました」と、彼は微かな笑みを浮かべて言いました。

「ありがとうございます。私の本がお役に立って嬉しいです」と、私は満面の笑みで答えました。こういうことはよく起こるようになっていましたが、相変わらず公共の場で人々に話しかけられるとびっくりしてしまいます。

「あの……少しだけお話ししたいことがあるのですが……」と、彼は言いました。私が飲み物を買ってiPadを出したのを見て、急いでいないとわかったのでしょう。

「もちろんです。どうぞお座りになってください」私は隣の空いている席を指しながら、温かく答えました。

「遅れましたが、私の名前はロンです」彼はそう言うと、握手しようと手を差し出しました。

「ロン、お会いできて光栄です。彼は、夫のダニーです」と、私は反対隣に座っているダニーの方に手を向けながら言いました。

「こんにちは、ダニー。奥さまの時間をとってしまい申し訳ありません」

「気にしないでください。もう慣れましたから」と、ダニーは陽気に答えました。

「こうしてあなたにお会いできたシンクロニシティが信じられません。今も『喜びから人生を生きる！』はここにあります」そう言って彼が取り出した本は、何度も繰り返し読んだらしく手垢だらけでボロボロでした。

「すでに何度も読んだのですが、今度のフライトでもう一回読み直そうと思って持ってきたのです。これを読みながら、もしあなたにお会いできたら尋ねたい質問を考えていました。今ここにあなたがいらっしゃるなんて、まだ信じられません！」

彼は本当に信じられない様子でした。

このようなこと――人々が私に会いたいと願って、私が現れるということ――はますます増えていましたが、それでも私はどう答えていいのかわからず、頬を赤らめてもぞもぞしていました。

そんな時、ダニーが救いの手を差し伸べてくれました。

「ロン、私たちの世界へようこそ！　アニータが死の淵から生還してからというもの、私たちの人生はシンクロニシティばかりでもう疑問にも思わなくなりました。毎朝目を覚ますと、『今日は何を現実化するんだい？』って彼女に聞いているくらいです。それから私はシートベルトをして、冒険と驚きの一日を迎える準備をするんですよ」

ダニーの話を聞いて、ロンは一気にくつろいだようでした。

「この人生に偶然というものはなく、すべてのものに私たちの理解を超えたより大きな目的があると、私は信じています。ですから、ここであなたにお会いできたのも、あなたが本の中で力強く語っている、拡大した無限の意識の一部のように思えます」と、彼は言いました。

「どうぞ何でも聞いてください。でも、私の次の本にあなたのことが載っても驚かないでくださいね！」と、私は微笑みながら言いました。ロンは初めて笑いました。それからうつむいて、少しの間、自分の感情と格闘していたようでした。

自責の念とともに生きる

「実は、妻のトリッシュが、六ヶ月前に他界しました」と、彼は話し始めました。「その事実と折り合いがつけられず苦しんでいます。寂しくてたまらないのです！　彼女の死を乗り越えられるかどうかわかりません……」

「本当にお気の毒です」と、私は彼が経験していることに心から悲しみを感じて言いました。「悲しむことにタイムリミットはありません。必要なだけ時間をかけてください。再び人生を始める準備ができていなくても、自分を責めないでくださいね」

スピリチュアルや宗教的な教えの多くが、亡くなった人への儀式をとても重要視しているにもかかわらず、後に残された人の悲嘆を助けるものをほとんど提供していないことに、私はいつも驚かされてきました。彼らは喪失感や苦しみ、愛する人がこの世からいなくなってぽっかり空いた穴に、なんとか自分で対処しなければならないのです。

「今はご自分をいたわってくださいね。それが一番大切なことです。奥さまもそれを望んでいますよ」と、私は彼の助けになるように願いながら言いました。でも、彼がまだ話していないこと、彼を苦しませている何か深い問題があるような気がしました。すると、まるでタイミングを見計らったように、ロンは再びうつむきました。

「さらに悪いことに、妻は自ら生命を奪ったのです。彼女は自殺しました。そのことに対する罪悪感から私は逃れられません」と、彼はゆっくり言いました。彼を苦しめていたのは、そのことだったのです。

ロンは、再び私の目を見て話し始めました。「そんな時、人からあなたの本をもらったのです。最初は読むのが怖くてたまりませんでした。どんなことが書いてあるのか知るのが怖かったのです。私は罪悪感に苛まれていました。妻は私が出張で家を留守にしていた時に、薬を飲んだのです。その兆候にも気づかず、止めることもできなかった自分がゆるせません！　その夜から、私は眠ることもできずにいます」

私は心からロンに同情しました。彼が心に抱えている罪の意識や悲しみを感じながら、できることなら彼の心の中に入り、彼をこれほど苦しめている感情を取り除いてあげたいと思いました。悲嘆への対処は難しいものですが、罪悪感は悲嘆のプロセスをさらに複雑にしてしまうのです。

「ある日、誰かが動画のリンクを貼ったメールを送ってくれました。それがあなたの動画だったのです。誰かがあなたの本をくれて、また別の誰かがあなたの動画のリンクを送ってくれたということは、あなたのメッセージを聞きなさいというサインだと思いました。そこでまず動画から見始めましたが、それを見て妻は自殺によって罰せられるわけではないと知り、大きな慰めをもらいました。妻が罰せられるというのが、私の大きな恐れの一つだったのです。

動画を見た後で本を読みましたが、とても感動してもっと慰められました。それからインターネットであなたのインタビュー動画をすべて見たのです。グーグルであなたのことを調べて、あなたの記事もすべて熱心に読みました。そのおかげで少し気分はよくなったのですが、まだ疑問に思うことがたくさんあります。それに、この罪悪感にどう対処したらいいかもわかりません」

彼の目に涙があふれ始め、私はバッグからティッシュを取り出して「本当に大変だったでしょうね。お気の毒に思います」と言いながら彼に差し出しました。彼はティッシュを受け取ると顔を背け、涙が流れ落ちる前にこっそりと拭きました。

死は存在しない

その瞬間私は深く胸を痛めましたが、ロンの話を聞いたことで、自分の人生にダニーがいることへの感謝が湧いてきました。私は死の至福を味わい、死は完璧ですばらしい状態であると知っていますが、ダニーなしにこの世で生きるということは考えたくもありません。ですから、ロンに奥さんがもっといい場所へ行ったと約束するだけでは十分でないとわかっていました。それは、彼の悲しみと罪悪感を和らげることにはならないでしょう。

愛する人を失った人たちと話した経験から、私は死が私たちに大きな打撃を与えることを理解していました。それは自分の世界や目的、注意を向けるものを劇的に変えてしまい、愛する人のいない将来を想像することさえ難しくなるでしょう。愛する人を中心に人生が展開していた人たちにとって、これまでと同じ人生はもう存在しません。ですから、ロンにセルフヘルプのための賢い言葉を引用したところでまったく効果がないとわかっていました。ロンは何かそれ以上のもの――自分を前へと進ませてくれる何か――を必要としていたのです。私は、口先だけのことは言いたくないと思いました。

「奥様は、自分のしたことであなたが罪悪感を抱くのを望んではいないと思います」と、私はロンに言いました。

「本当ですか？　それは確かなことですか？」と、ロンは希望を持ったように目を見開きながら言いました。

「ええ、確かです。私が身体から離れていた時、家族に対して感じたのは完全な無条件の愛だけで、私のせいで苦しんでほしいとはまったく思いませんでした。彼らが幸せになってくれることを願い、彼らの幸せを見ること以上に喜びと思えるものはありませんでした。トリッシュも同じことをあなたに望み、あなたが幸せであるのを見たいと思っているはずですよ。それは、亡くなったすべての人が私たちに望むことです。もしトリッシュが今あなたに知ってほしいことがあるとすれば、それは彼女のしたことはあなたのせいではないということです。彼女は自分の苦しみと、その苦しみに対処できなかったせいで自殺したのです。私はそう信じています」

ロンの顔に少し安堵感が浮かびましたが、それはすぐに消えてしまいました。「でも、彼女が自殺する直前に私たちは口論したんです。そのことが悔やまれてなりません！　『もし〜だったら』としか考えられないのです。『もしあの時口論をしなかったら？　もしその時彼女に愛していると言っていたなら？　そうしていれば、彼女は自殺をしなかったのではないだろうか？』と……」そう言って、彼はまたうつむいてしまいました。

「たとえ彼女がすばらしい場所にいたとしても、私は妻に愛しているともう言えません……」と、彼は静かに言いました。

「今でも言うことができるのですよ。彼女にはあなたの声が聞こえますから。解決していないことは、何でも解決できるのです。ですから、今も彼女がここにいるように話しかけてください。実際はあなたが考えていることを彼女はすでに知っていますが、直接話すことがあなたの助けになるでしょう。心の内側にある静かな場所に行ってください。そうすれば、彼女にあなたの声が聞こえます。私が肉体を離れていた時、夫が考えていることがすべて聞こえました。彼がどんなに私を愛してくれているかわかったのです。彼に対して感じていたのは無条件の愛だけでした。トリッシュもあなたに対して同じように感じていると思います。もし彼女があなたと今ここで対話できるなら、このことを知ってほしいと思っているに違いありません」

少し間を空けてから、さらに私は付け加えました。「誰も、自分の寿命が来るまで亡くなることはありません。あなたは彼女が亡くなったことと関係ないのです。たった一度の口論で、生命を絶つ人はいません。それよりもはるかに複雑で、多くの異なる要因が関わっていると思います。たとえあなたと口論にならなかったとしても、あなたがその日彼女に愛していると言っていたとしても、遅かれ早かれ他の原因が自殺の引き金となったことでしょう。それは、その人が自分の人生をどう解釈しているか――つまり、どんなフィルターを通して世界や自分の居場所を見ているかということにより関係しています。それは、あなたがコントロールできることではありません」

私は続けました。「現在いる場所から、彼女はあなたに安らぎや幸せを見つけてほしいと思っています。彼女はあなたのことを無条件に愛していて、あなたの幸せな姿をもう一度見ることこそが彼女の喜びです」

審判の日は来ない

ロンの表情はかなり明るくなりましたが、またこう尋ねてきました。「審判は受けないのですか？　私は自殺をすれば深刻な結果になると信じて育ちました。あなたはインタビューでそれは違うと何回も言っていましたが、それでも彼女のことが心配でならない時があるのです。どうして彼女が審判を受けないと確信できるのですか」

この質問をしながら、彼の顔には悲しく心配そうな表情が戻ってきました。

「審判というものは絶対に存在しません。自殺した人にとっては特にです！」と、私は断言しました。「ある時点で〝人生回顧〟と呼ばれるものを経験して人生の見直しをする人もいますが、最後に残るのは無条件の愛だけです。この人生を去るという選択をするにはかなりの苦しみを伴います。その苦しみをすでに経験した人が、次の世界でそれ以上の罰を受けるということはありません！　彼女のいるところに存在するのは、無条件の愛と思いやりだけです。私を信じてください。これは確かなことです」

「それを聞いて安心しました。でも、ネガティブな臨死体験をしたという人たちの話も聞いたことがあります。彼らは向こう側の世界にいた短い時間、暗闇やものすごく恐ろしい何かを経験したようです。トリッシュもそうだったらと心配なのです。自殺のせいでそのような恐怖を経験していないといいのですが……。それが私の一番心配していることです」

「そのようなネガティブな経験をしたという人たちにとって、それはとても現実味があったのでしょう。私は他人の経験を疑うようなことはしたくありません。でも、すべての人は最終的にポジティブな場所へ行けることを、あなたに知ってほしいと思います。臨死体験の現象を研究している専門家は、ネガティブな経験をしているのはごくわずかな人だけだと強調しています。そのような人たちは、人生で蓄積された恐れとまだ闘っているのかもしれません。恐れでいっぱいの人生がどんなものか、あなたにはおわかりだと思います。私たちの多くが心を苦しめる恐れを与えられ続けて成長しますが、突然の死によってその恐れを向こう側の世界へと持ち越すことがあるのです。でも、十分長く向こう側の世界にいれば、そのような恐れは消えてなくなります。なぜなら、そこで私たちは自分の思考への執着を失い、その時自分の本質である無条件の愛と再びつながるからです。その状態では恐れなどは存在せず、あるのは思いやりと完全に受け入れられた感覚だけです」

私がそのことに触れると、ロンの表情が険しくなりました。「トリッシュはとても死を恐れていました。そして、死んだらどうなるのかを怖がっていました。彼女はとても複雑で虐待的な子供時代を過ごしましたが、それが彼女の心に大きな傷を与え、〝地獄や罪によって罰せられる〟という強い宗教的信念を植えつけたのです。このため彼女は、自分が死んだら神から罰せられると信じていました。そのような思い込みのせいで、地獄を味わっていないことを祈るばかりです」

死、恐れ、宗教

臨死体験をしてからというもの、私は人間がいかに創造的に、〝死んだらどうなるか〟というストーリーを、数千年以上にわたってたくさん作り上げてきたかということに驚嘆しています。臨死体験の前は、私もトリッシュのようにとても死を恐れていました。カルマのことも恐れていて、自分の癌はカルマのせいだと信じて、死後によいカルマとなるような行いばかりしていました。けれど、これらのよい行いは愛や共感や思いやりからではなく、悪いカルマに対する恐れから生まれたものでした。

臨死体験中、私には物質的な身体がなかっただけでなく、人種や文化、性別や宗教もありませんでした。それまでの人生を通して私の物質的な自己が集めてきた、価値観や信念などのすべてが取り去られていたのです。物質的な自分のアイデンティティを作り上げていたあらゆるものが、実は無限の自己とはまったく関係がなかったと知って私は驚きました。私の無限の自己にそのような要素が含まれないなら、そのすべてが剥ぎ取られた後には一体何が残るというのでしょうか？

それは、私の縮小された要素ではなく、はるかに偉大なものでした。私は純粋な本質、純粋な意識、純粋な愛、純粋な神でした。あなたがそれをどう呼んでもかまいませんが、私が感じたものを完全に表せるような言葉は存在しないでしょう。私はそこで、自分自身やこれまでの人生で出会ったすべての人たちに対して――自分を傷つけたように思えた人であろうと、助けてくれたように思えた人であろうと――愛や共感や思いやりしか経験しませんでした。当時はそう思えませんでしたが、表面的に私を傷つけたように見えた人でさえ、実はポジティブな方法で私の人生を次のレベルへと移行させてくれたのだと理解できたのです。

このプロセスは〝人生回顧〟とも呼べるかもしれませんが、そこに強烈な感情を伴う経験はありませんでした。自分に対しても人に対しても、苦しみや怒り、批判や罪悪感のようなものを感じることはまったくなく、ただ大きな愛と安らぎがありました。

この人生と自分の身体に戻ってから、「私たちは無条件に愛されており、驚くほど強力ですばらしい存在だ」ということをどうして教えてもらえないのかと考えたことを覚えています。審判などは存在しないこと、私たちが注意を向けるべき大切なものは恐れや報復ではなく愛なのだということを、私たちはなぜ教えてもらえないのでしょうか？　とはいえ、私たちのほとんどは――死後に起こることについて他人に教えている人でさえ――この情報を知りませんから、もし教えてもらえるとしても一体誰に教わるのでしょうか？　私たちが知っているのは、自分の文化や宗教的な教義が教えていることだけです。しかもその教義は、まったく異なる文化や時代を生きた人々によって何千年も前に書かれたものなのです。

死後に裁かれるという信念はこの世での私たちの生き方に影響を与えますが、その影響はたいていはよくないものです。この信念は向こう側の世界で起こることへの恐れの中に私たちをとどめてしまい、それゆえ私たちは、愛や善からではなく死後に罰せられるという恐れからよい行いをしようとするようになるのです。恐れは愛ではありません。

臨死体験中、私が犯した過ちに対する後悔はあくまで自分の中からやってくるもので、外部からのものではありませんでした。「自分とは別個の存在が私を見張っていて、私が失敗を犯すのを待ってそれを罰する」ということではなかったのです。私たちは二元性の世界に生きているので、

「自分は見張られていて、裁きを受ける。その裁きは外部からやってくる」と考えるように条件づけられています。でも、非二元性の世界に存在するのは純粋な意識、純粋な無条件の愛、そして完全な受容だけです。私たちの外側には何も存在していません。すべてのものがつながっていて、すべてが明白です。そして、私たちは被害者も加害者も同じ意識の一部だと理解します。〝私たちや彼ら〟というものはなく、すべてが私たちなのです。私たちは、同じ硬貨のどちらかの面にすぎません。

このことをもう少し早く知っていたなら――死後の審判を恐れるように教えられなかったなら――と思います。その代わりに、私たちはみんなつながっていて互いに影響を与え合っていること、そして、自分自身や地球上の家族である他の人々への共感、思いやりを教えられていたらよかったのに、と思うのです。

私たちは導かれている

ロサンゼルスの空港で、私はこのことをロンに伝えようとしていました。

「トリッシュは絶対に大丈夫です。信じてください。私たちがここで出会ったのは、彼女が導いてくれたからだという気がします。彼女が元気でいること、あなたが人生に再び安らぎを見いだせるように願っていることを知らせたかったのでしょう。どうか自分のためにできることは何でもやってください。彼女は大丈夫ですが、あなたのことをまだ心配していますよ」

「ありがとうございます！　その言葉がずっと聞きたかったのです」

ロンは、心から安心したようでした。彼の態度は明らかに変化し、私の話を心から受け止めてくれたのだとわかりました。

「お役に立てて嬉しいです。彼女はこれからもあなたを見守っていますよ。愛する人たちは私たちから目を離さないのですから。すでにお話ししましたが、あなたがトリッシュに話しかければ、彼女にはそれが聞こえます。彼女と話すのに決して遅すぎることはありません。物質的にここに存在しているかのように、彼女に話しかけることができます。生きていた時に言うチャンスがなかったことを話してください。それは感情を癒す作用もあるので、ぜひ試してほしいと思います。一人の時に、必要なだけ話してください。そうすれば、他の人から変な人だと思われることもありませんから！」私はちょっとだけユーモアを交えようとしてそう言いました。

「もう変わっていると思われていますす」と、ロンは笑いながら答えました。

「それじゃあ、私と同じですね！」

私たちは二人して笑いました。

「ところで、トリッシュはきっとあなたとコミュニケーションをとろうとするはずです。彼女は元気でいるとあなたに知ってほしいのでしょう。あなたの心がとても静かな時、彼女の存在が感じられて、彼女があなたに知ってほしいと思っていることがわかるかもしれません」と、私は付け加えました。

「実は、すでに彼女の存在を感じ始めていたところなのです」と、ロンは少し興奮気味に言いました。「ちょうどあなたのインタビュー動画を見て、少し心が落ち着いた時でした。その後はずっと、彼女に導かれているような感じがしています。まるで、彼女があなたの動画を見るように導いてくれた気さえするのです。あなたの話を聞けば私の気分がよくなると知っていたかのように」

私はほんの少し赤面してしまいました。そして、「あなたを助ける奥さまのお手伝いができてとても嬉しいです」と心から感謝して言いました。

その瞬間、ちょうどいいタイミングでサンノゼ行きの準備ができたというアナウンスが流れ、ダニーが私たちの方を見て「話の邪魔をして申し訳ないが、搭乗時刻だよ」と言いました。

私はロンが、最初に会った時の暗い様子とは対照的にとても明るい表情になっていることに気づきました。新しく見いだした喜びは私の言葉からだけでなく、彼の妻がまだ一緒にいて導いてくれているとわかったこと、そして、彼女が自分は大丈夫だと知らせるために私に会わせたのだと理解したことからもたらされたのでしょう。

ロンは私の目を見ながら、「なんとお礼を申し上げていいかわかりません」と言いました。「お礼ならすでに受け取りました。次の本に書くすばらしいアイディアをいただきましたから」と、私は茶目っ気たっぷりの笑顔を浮かべて言いました。

「この話が他の人のためになると思われるなら、ぜひお使いください。お役に立つことを祈っています」ロンは心からそう言いました。

私たちはハグをし、私は彼の目に涙があふれているのに気づきました。その涙は、今も妻がいることを確信したかのような涙でした。それからダニーとゲートの方へ向かい、搭乗口に入る前にもう一度ロンに手を振りました。

私は、とても多くの人たちが死後の審判があると考え、それを恐れるように条件づけられていることに頭を悩ませています。しかも、人々が答えや慰めを求めたり、恐れている時に頼るところが、まさにその誤った信念を永続させている組織や団体なのです！　そのような場所は恐れという感情を使って私たちを管理し、他人を傷つけないようにさせます。でも、この惑星の状態や私たちの作った牢獄の急成長ぶりを見るにつけ、この理論はうまく働いていないように思えます。

すべての人がつながっているという理解とともに、「私たちは愛であり、無条件に愛されている」という真実を知ることは、他人に真の共感や思いやりを感じる助けになると私は信じています。もしみんながこのことを知れば、私たちは自分や他人、そしてこの惑星に対して、さらなる優しさと敬意を持って行動することでしょう。そして、死に対するアプローチだけでなく人生へのアプローチも、恐れではなく愛からのものに変わるはずです。これが、私の切なる願いです。

今ここで天国を生きるためのヒント

もし「死んだら審判を受け、罪によって罰せられる」というのが誤った社会通念だとしたら、真実はどのようなものになるでしょうか？

✤可能性のある真実として、次のようなものを考えてみてください。

▼向こう側の世界に存在するのは私たち一人ひとりへの無条件の愛と思いやりだけで、この世で

したことやしなかったことに対する審判や罰は存在しません（二元性の世界で極悪だと考えられる殺人を犯した人や、自殺者に対してもです）。

▼向こう側の世界にいる私たちの無限の自己は、物質世界でのアイデンティティ（人種や性別、文化や宗教など）を何一つ持っていません。私たちはこのようなものを向こう側の世界に持っていくことはできず、また、そうしたいとも思わないでしょう。

▼向こう側の世界にいる時、私たちは苦しみや怒り、罪悪感、恐れや非難を感じることはありません。そこにはただ、完全な理解と受容、無条件の愛、大いなるすべての聖なる性質と一つになれたという喜びに満ちた恍惚感だけが存在します。

✤ヒントとエクササイズ

▼亡くなった愛する人に、向こう側の世界で幸せに生きていること、まだあなたのことを愛して大切に思っていることを知らせるサインを送ってくれるようお願いし、それを探してください。

サインはそれを送る魂と同様に多種多様ですが、その中には予期せぬ動物の出現、動物の変わった行動、誰も触れていないはずの照明の点灯、亡くなった人を彷彿させるような面白い形の雲の出現などがあります。あなたがオープンになってそれに注意を向ければ向けるほど、サインに気づくことでしょう。

▼どんな時でも、すべての人がその瞬間に持ちうる限りの能力で最善のことをしていると知り、自分や他人に対してより深い思いやりを持つようにしてください。

▼あなたが他人に対して最も非難しがちなところ、そして、人があなたについて最も非難してくるようなところは、非難されている側よりも非難している側の癒されていない部分と関係があります。向こう側の世界では、非難されることは何もありません。私たちは同じ硬貨の両面なのです。

▼最も効果的な子育て法は、悪いことをしたからと子供を罰するのではなく、よいことをほめてあげることです。なぜそうなのか、また、このような考え方は一般的に受け入れられるかどうか、考えてみてください。

✤自分への質問

▼「自分に対して悪いことをした人が、死後に罰せられればいい」と思っていないだろうか？　そのように思うのはやめて、「私たちはみんなつながっている一つの存在だから、他人の不幸を願えば自分に対して願っていることになる」という事実を受け入れられるだろうか？

▼「自分には何か欠けている」と非難している時、実は宇宙の完全さを疑っているのだということを、受け入れられるだろうか？

▼もし今自分が死の床にいるとしたら、この物質的次元で後に残していく人たちに何を言いたいだろうか？　自分のどのような部分を彼らと分かち合いたいだろうか？　物質的に自分がいなくなった後、彼らの悲しみが少なくなるように、どんなことを言えばいいだろうか？

✤自分の死も愛する人の死も恐れていないと言えるのは、次のような場合です。

▼死は終わりではなく、愛する人が亡くなってからも彼らと会って話ができること——同様に、自分がこの世を去っても、残してきた愛する人たちと会って話ができること——を知っている。

▼向こう側の世界に行った人たちのことを心から喜び、彼らが純粋な愛と安らぎと無条件の愛の状態にいること、そして、物質的次元にいた時の関係がどうであれ彼らも私のために同じように願っていることを知っている。

▼自分や他人に対して非難ではなく共感と思いやりを抱いており、私たちはみんなつながっていて、物質的次元での発言や行動にかかわらず誰もが神の愛の表現であると理解している。

chapter 8

誤った社会通念❽——スピリチュアルな人にはエゴがない

「私にはわかりません。ほとんどのスピリチュアルな教えでは『エゴが私たちのスピリチュアルな成長を邪魔しているので、それに打ち勝つか超越することを学ぶ必要がある』と言っています。エゴを受け入れるように言っているのはあなただけです。それはどういうことか、説明していただけますか?」と、ジェーンが言いました。

彼女は私が英国の美しい田舎で開催したリトリートに参加した一人でしたが、このような質問をすることで私をバカにしたわけでも挑戦しようとしたわけでもなく、単に私の考え方を理解したいと心から願っていただけでした。

「とてもいい質問ですね。同じことをたくさんの人から聞かれましたが、エゴという言葉の意味には相反する意見がたくさんあるので、あなたが混乱するのも無理はありません。この話題を持ち出してくれて本当によかったです」

私たち二十五人の参加者は、バーフ島にある小さなホテルの居心地のいいレストランで暖炉を囲んでいました。バーフ島は英国のデヴォン州南部の海岸に位置し、干潮時に渡れる小さな島です。私は近くのダーティントン村にあるシューマッハカレッジで、五日間のリトリートを開催中でした。シューマッハカレッジは、変容をもたらす学習や持続可能な生活、ホリスティック教育を行うためのセンターです。その日の朝早く、私たちのグループはバスでデヴォン海岸へと出かけ、ビッグベリー・オン・シーの村を訪れました。そこで美しい砂浜を散歩し、海岸から離れたバーフ島への土手道を歩いて渡りました。ところが、一時間ほど自然の見事な風景に見とれているうちに満潮になり、本土に戻るための道が水没して取り残されてしまったのです。

水は深くはなかったものの凍えるほどの冷たさで、誰も水の中を歩いて本土へ戻りたいとは思いませんでした。そこで、一九二九年に建てられたバーフ・アイランド・ホテルを訪れて、ホテルが水上バスを用意してくれるのを待つことにしました。水上バスは浅瀬の海で乗客を運ぶための乗り物で、ホテルのマネージャーは午後六時頃にはその用意ができると言いましたが、それまでまるまる二時間もありました。

私たちが暖炉の近くに集まっていると、ホテルのマネージャーがお湯の入った大きなポットとカップの載ったトレイを運んできました。私たちはリラックスしてお茶を飲んでいましたが、その時ジェーンが冒頭の質問をしてきたのです。それは、待ち時間を過ごすのにぴったりの話題でした。

エゴについて考える

「ジェーン、あなたの質問に的確に答えられるように、あなたにとってエゴとは何を意味するか考えてみましょう。このことについて、皆さんも考えてみてください」と、私はグループのみんなに質問を投げかけました。「特に、『エゴが自分のスピリチュアルな成長を邪魔する』と言う時、それはどういう意味だと思いますか?」

すぐにジェーンが答えました。「私は長年にわたって、いろいろな教えからスピリチュアリティの目的はエゴに打ち勝つこと、あるいはエゴを超越することだと学んできました。私の理解では、エゴは愛することを恐れ、人よりも抜きん出る必要があると思っている自分の一部です。大きなエゴは自尊心を膨れ上がらせ、自分の過ちから目を背けさせて、誰かにそれを指摘された時には防御するよう仕向けます。言い換えれば、エゴは誤りは自分のせいでなくすべて他人のせいだと言うのです。一方、エゴに打ち勝てば、自分のことばかり考えるのではなくもっと他人に注意を向けるようになります。思いやりのある、共感的な人間になれるのです」

それを聞いて、キャシーが相槌を打ちながら言いました。「私はいつもエゴを抑えるように言われています。そうしないと、すぐ思い上がってしまいますから。エゴがのぼせ上がるとは高慢になるという意味で、それは悪いことです」

「二人ともお話ししてくれてありがとう。私も以前は同じように考えていました。でも、臨死体験をしてから私の見方は変わったのです。向こう側の世界にいた時、私は自分の感情、マインド、エゴも含めた物質世界の自分自身のあらゆる部分が、この世で生き延び成功するために必要なものなのだとわかりました。エゴは、私たちにアイデンティティと個性を与えてくれます。そのおかげで私たちは一人の人間としての自分を知り、そのユニークさを表現できるのです。もしエゴが必要でないなら、それを持って生まれてくるはずはありません。

私たちはみんなつながっていて一つの存在ですが、もしエゴがなく、どこまでが自分でどこから他人なのかわからなければ、この物質世界で機能するのはとても難しいはずです。緑と青の違いやバニラとチョコレートの違いを学ぶように、識別のためにはエゴが必要なのです。実際、比較対照して区別する能力がなければ、この世界には何も存在しないでしょう」

「でも、あまりに強くエゴと同一化してしまうと、高慢になってしまいませんか?」と、ブレンダが尋ねました。その質問に私は微笑みました。というのも、それは多くの人が行き詰まってしまう重要なポイントで、臨死体験前の私も同じようにそこで立ち往生していたからです。私には、これから自分が話すことがみんなの考え方を百八十度変えるかもしれないとわかっていました。

エゴは私たちの大親友

「もしその説が真実ではなく、その思い込みが本当の自分を知ることや自分を愛することの邪魔になっているとしたらどうでしょう?」と、私は切り出しました。「他人を高く評価するのと同じように自分を高く評価することの、何が悪いのでしょうか? それは互いに邪魔になるものではありません。それどころか、自尊心が低いと人間関係を築くのがとても難しくなります」

すると、サリーが突然口を開きました。「どうして自分を愛するのがこんなに難しいのかわかった気がします。私は自分を愛するのは利己的だと信じるように育てられて、利己的というのはネガティブなことと理解してきたからです! 自分を愛して、利己的だと批判されるのが怖かったのです」

「その通りです!」みんなが重要な点に気づいたとわかり、私は興奮気味に言いました。

「エゴが敵ではないとしたらどうなるでしょう? もしエゴを避けて抑圧すべきだという信念こそが問題だとしたら? 私は、何が何でもエゴは否定されなければいけないという思い込みが、まったくの逆効果を生み出すことに気づいたのです。私自身がエゴのことで頭がいっぱいだったのは、いつもエゴに注意を向けてそれを否定し、窒息させ、抑制していたからでした。このことが様々なやり方で私自身を束縛し、本当の自分を表現できなくしていたのです。

けれど、自分を愛してエゴを受け入れ、それが物質世界にいるのに必要な部分だと理解すればするほど、エゴを超えた無限の自己――エゴを含みつつ、同時にそれを超越している自己――に気づくことが容易になってきたのです。自分を愛すれば愛するほど、自分の権力を拡大したり自慢したりしてエゴを膨張させる必要が少なくなるとしたらどうでしょうか？　そして、本当に自分を愛するということが、エゴによる防御や保護の必要を感じなくなり、他人に自分を愛してもらったり、エゴを喜ばせる行動をとってもらう必要が減るということを意味するとしたら？　少なくとも、私の人生にはそれが当てはまりました。私が自分を愛すれば愛するほど、エゴだけと同一化することが少なくなります。なぜなら、自分ははるかに大きな存在であること、エゴの有無にかかわらず存在していることを知っているからです」

ヘンリーが尋ねました。「つまり、エゴは他人から切り離された自分について教えてくれるということですか？　実際はみんな一つの存在なのだと気づくのが必要であると同時に、分離感を促すエゴを持って生まれてきているというのは矛盾していませんか？　どうしてこんなに複雑なのでしょう？　私たちは一つの存在か別個の存在のどちらかにはなれないのですか？　なぜ双方をうまく調整しなければいけないのでしょうか？」

私たちは一つであり、別々でもある

「物質世界にいるうちは、双方を調整する必要はほとんどありません。大いなる存在とのつながりを感じることは稀だからです。私たちは自分のことを、他人とは別個で違う存在だと見ています。向こう側の世界で私は〝非二元性〟と言われる状態にいました。そこには分離の状態は存在せず、ワンネスがあるだけでした。私たちはみんな純粋な愛、純粋な意識であり、同じ物質からできているのです。その状態で、私はあらゆる人やあらゆるものと同調していました。完全に共感し、どこまでが自分でどこからが他人なのかわかりませんでした。

同時に私は自分がユニークな存在であることに気づいていて、父親や親友のことも——他の存在がそうであるのと同様に——個別の存在だとわかりました。矛盾しているように思えるかもしれませんが、向こう側の世界では矛盾しているとは感じなかったのです。すべてが溶け合って一つになっていました。言わば、無限の数の色が一本の帯になった光のスペクトルの中の、たとえば赤を見ているような感じです。オレンジや黄色ではなく赤を見ているのは確かでありながら、その色がどこから始まりどこで終わるのかはわからず、色を正確に分離することはできません。向こう側の世界では、そのように見えました。私という存在はユニークではっきりと認識できましたが、自分と他人を分けることができなかったのです。

私たちが身体の中に宿ると、意識とエゴを持つようになります。二元性の状態と呼ばれるのはこのためです。でも、非二元性の状態では私たちは純粋な意識であり、そこにはワンネスしか存在しません。その状態では、個別の経験としての、個人的な喜びを知ることはできません。なぜなら、他のすべての感情や経験から切り離された苦しみは存在しないからです。ユニークな現象としての苦しみが存在しないため、分離した感情としての喜びがわからないのです。非物質的領域で私たちが経験するのは、無条件の愛――存在しているすべての人、あらゆるものの感情や経験を統合したもの――です。無条件の愛とは、すべてを含むワンネスから放射されているものです。この物質世界で私たちが喜びを感じるのは、それを感じないというのがどういう意味かを知っているからであり、苦しみを感じるのは、それがないというのがどんなことかを知っているからです。私たちには、比較する基準点が必要なのです。

非二元性の状態には基準点はありません。反対のものもありません。存在するのはワンネスと無条件の愛だけで、それは自分の外側には何もないということを意味します。すべてがただありのままに存在しているのです。私たちは分離の現実を経験するためにこの世に来ることを選択したように、私には感じられます。そして、この現実を感じるため、これらの感情を経験するためにエゴは絶対に必要なものです。エゴがなければ、私たちは非二元性／ワンネス／純粋な意識の状態に戻ってしまうでしょう」

メリッサが口をはさみました。「なるほど、そういうことなのですね。確かに、すばらしい劇や映画には必ず主役と敵役がいます。もしどちらか一方しかいなければ、お客さんは登場人物の特徴がわからないでしょう。もし敵役に敵対する人がいなければ、その人が敵役だということもわかりません。だから、両方の人格と本質を十分に引き出す必要があるわけですね」

ずっと静かにしていたリンダが口を開きました。「私はまだ納得できません。私の夫はすごいエゴの持ち主で、いつもイライラさせられます。彼に言わせれば、自分はいつも正しいのです。彼は常にみんなにとって何が最善かを知っていて、決して謝りません。いつも他の誰かのせいにするのです。彼が『自分のエゴを受け入れている』のをただ傍観しているのは本当に難しいです！」

リンダの怒りを込めた発言に、大爆笑が起こりました。

そして、「私の夫にそっくりよ！」とサリーが言うと、またみんなが笑いました。

「リンダ、サリー、ご主人に自分のエゴに取り組んでもらい、それを和らげてもらうにはどうしたらいいと思いますか？」と、そこで私は投げかけました。

リンダは憤慨したように言いました。「そこが問題なんです。彼は自分がものすごいエゴを持っているとは認めません。そのことを自覚していないのです。周囲の者だけがそれに我慢しているんです」

「思った通りですね。私も自分のエゴを理解している人には会ったことがありません」と、私は答えました。

サリーが言いました。「家ぐらい大きなエゴを持つ人に対しては、一体どうすればいいのですか？夫にエゴを受け入れるように言うと考えただけで、私は耐えられません。彼は救いがたい状態ですから！」

部屋中が再び笑いにあふれ、多くの参加者が、周囲の人の高慢なエゴに対処している経験を分かち合い始めました。

エゴと気づき

「では、少し想像力を使うことにしましょう」

私は一つのたとえ話を使って、エゴの役割について説明することにしました。

「私たちはリモコン装置を小さな手に握って生まれてくると想像してください。このリモコン装置には二つのダイヤルしかなく、昔のラジオの音量調節のつまみのように、ダイヤルの外側に0

から10までの数字が付いています。でもそれは音量ではなく、ダイヤルの一つには〝気づき〟、もう一つには〝エゴ〟と書かれています。私たちが生まれた時には、両方のつまみとも10のレベルに設定されています。私たちは、最大限に人生を楽しもうという意図を持ってこの世に生まれてきた――つまり、健全なエゴと健全な気づきの両方を持ってこの世にやってきたのです。

気づきのレベルを最大値に設定してあるということは、私たちが宇宙やそこに存在するすべての人、あらゆるものとのつながりによく気づいているという意味です。私たちは、地球上の生活がなぜ自分に呼びかけ、なぜ自分を物質世界に引き寄せたかはもちろんのこと、自分の深い願望を知って生まれてきました。この世にやってきた時、少なくとも最初の数年間は、非物質世界にいる愛する人とのつながりを感じることができたのです。私たちを導き、本当は自分が誰であるのか、どこからやってきたのかを忘れないように求める彼らの囁き声を聞くことができました。

けれど、まもなく外の世界の騒音が、この内なる囁きをかき消してしまうのです。たいていは周囲にいる善意の人々（そうとは言えない場合もたまにありますが）のせいです。彼らが〝現実の世界〟で生き延び、成功するための方法を誤って教えるにつれて、私たちは他人の恐れを吸収していきます。彼らは成功の仕方を教えながら、外の世界に対して共感やつながりをもたないように促します。さらに、私たちがもともとやってきた世界、そこに対して感じているつながりは空想であると信じさせようとします。そうして、私たちは物質世界で生きることを学ぶにつれて自分の気づきを無視し始める――つまり、自分の気づきのレベルを下げてしまうのです。
でも、気づきのレベルが下がっても、エゴのレベルは最大のままです。そのせいで、私たちのエゴは他人に対する気づきのレベルと釣り合いがとれない状態になります。それが、利己的だと批判され始める時なのです。ちょうどみなさんが話していた人たちのように」

そう言って、私は悪戯っぽくウインクしました。

「ですから、彼らが大きなエゴを持っているとか、利己的だということではありません。ただそのように見えるだけです。単に、気づきのレベルが下がっているのにエゴのレベルが高いままだというだけなのです。これはよくあることで、私たちからワンネスとのつながりを奪います。こうなると、周囲の人に対する共感もなくなっていき、私たちはエゴが自分自身だと信じるようになります。

私が子供の頃、〝善意の人たち〟が、利己的あるいは自己中心的にならないようにと注意してくれました。特に私の育った文化では、少女や女性はいつもエゴを抑えなければならないと言われていて、私はいつも自分の個性を表現しないようにさせられました。いつか結婚するかもしれない男性よりも成功していたり、人気があったり、頭がよかったりしてはいけなかったのです。もしそうなら、夫を見つけるのは困難でしょう。私の文化では、ある年齢までに結婚していない女性は厳しく非難されます。ですから、私は周囲に受け入れられるため、そして非難されることへの恐れから、自分のエゴのレベルをほとんどゼロにしてしまいました。

その結果、両方のレベルがとても低くなり、私がこの生命とともに持ってきたエゴと気づきはそれぞれごくわずかという状態で生きることになったのです。私は自分自身を十分に表現できず、本当の自分でいることもゆるされませんでした。私は自分を踏みつけるように扱い、他人にもそうすることをゆるしました。傲慢であると思われたり批判されたりしたくなかったので、自分のことは一番後回しにし、他人が大きく見えるように自分のことを小さく見せました。そうして長い年月が経ち、本当の自分を抑圧していたことが癌となって現れたのです」

まず自分自身を知りなさい

「これが、気づきのレベルとともにエゴのレベルを下げてしまうことの弊害です。自分を十分に表現していない人はみんな癌になると言っているわけではなく、実際そんなことは決してありません。でも、エゴは私たちが本当の自分やなぜここにいるのかを理解できるように、助けてくれるものなのです。自分以上に自分のことをよく知っている人はいません。自分だけが、自分という存在の最も深い部分に到達できるのです。私たちのその部分は、本当の自分は誰であるか、なぜここにいるのか、自分が最もよく機能するには何が必要かを知っています。事実、このことを知っていれば、みんなを喜ばせようとして自分を失っていくことにより生み出される、トラウマやドラマがかなり減ることでしょう。

でも、社会は本当の自分について探求することを奨励しません。学校へ行き始めると、自己探求は時間の無駄で、贅沢なことだと教えられます。なぜなら、自分にそのような興味を持つのは利己的なことだからです。その結果、自分についてもっと知りたいという欲求を感じた多くの人が、非難されたくないためにそのような思いを捨ててしまうのです。そうしてエゴのレベルを下げ続け、それによってこの世にやってきた本当の自分を抑圧し、どんどんバランスを崩していきます」

ヘンリーが大きな声で言いました。「説明してくださり、ありがとうございます。エゴと気づきの両方が必要だとようやくわかりました。人生を十分に経験するには両方のレベルを上げなければならないのですね！」

彼は心から納得したように見え、私も嬉しく思いました。

私は続けました。「自己認識は、私たちが自分や他人のためにできる最も重要なことです。自分を知るとは、何が私たちを幸せにし、何が幸せにしないのかを知るということです。それは、より大きな愛や幸せに導いてくれる道を選択するために、十分な気づきを持つという意味です。

また、これまで信じてきたよりも自分ははるかに広大で、パワフルで、もっとすばらしい存在だと気づくことでもあります。自分のことを十分に知り、十分に愛している時、私たちは他人にもこの愛と気づきを分かち伝えることができます。恐れ、困窮し、機能不全である自分ではなく、どこへ行くにも十分な理解と喜びにあふれ、大切に扱われている自分でいることが、他人に対してだけでなく自分自身のためにできる最善のことなのです」

その瞬間、針の落ちる音さえ聞こえるくらい部屋中がシーンとなっているのに気づきました。全員が、完全に私たちの対話に釘付けになっていたのです。聞こえるのは、暖炉のパチパチという火の音だけでした。

「世の中は今、自分は無力で弱く、恐れていると信じる人々でいっぱいのようです。特に、テレビのニュースを見ればそのことがわかるはずです。自分はそのような存在だと信じているから、彼らはそういう自分を世の中と分かち合うのです。ほとんどの人は、気づきとエゴの両方を最大レベルにして、本当の自分に気づくように奨励されたことがないのでしょう。

では、大きなエゴを持つ人に対してどうすればいいか、というリンダの質問に戻りましょう。もし誰かが大きなエゴを持ち、利己的すぎるように見えたなら、彼らの気づきのレベルを大きくしてバランスをとり、再びみんなとつながれるように励ましてあげる必要があります。『エゴのレベルを下げろ』と叱るのではなく、自分や他人に対する気づきのレベルを上げるように促すのです」

「なるほど。でも、どうすればそれができるのですか?」と、リンダが尋ねました。

「幸せを感じ、息もつけないほど夢中になれるものは何かと、ご主人に尋ねることから始めてください。何でも選べるとしたら、ご主人は何がしたいでしょうか? どこに行きたいと思うでしょうか? まだ実現していないどんな夢を持っているでしょうか? どんな恐れがあるかも尋ねてください。突然このような質問をするのは難しい気がしたら、毎週彼とデートをしたいと言ってみましょう。そして、その夜はすべての通信機器のスイッチをオフにして、ただ心を通わせ合う対話の時間をとるのです。その時に、先に挙げた質問をしてみてください。

もっと簡単なのは、あなたがご主人のよいところだと思っている部分や愛しているところを伝えることから始めることです。それからあなたの夢や希望をシェアし、あなたが楽しいと思うこと、自分に喜びや幸せをもたらすことを話します。そうすれば、彼も自分の思いや感情をもっとオープンに話してくれるはずです。

もしご主人の人生に影響を及ぼした出来事——たとえば、最近母親が亡くなったとか——について知っているなら、その話題を優しく持ち出して、それに関するあなたの気持ちを話してもいいでしょう。『お母さんが亡くなって私はとても寂しいわ。今でもお母さんのことを時折思い出すの。あなたもきっと寂しいでしょうね』のようにです。

相手のエゴのレベルが高く、気づきのレベルが低い場合、このような会話はゆっくりと気楽に進めなければなりません。でも、時間をかけて忍耐強く続ければ、必ずうまくいきます。私を信じてください。そうする価値は必ずあります」

リンダが嬉しそうに言いました。「ありがとうございます。それなら私にもできそうです。早く家に帰って試してみたいです！」

子供たちを導く場合

「子供たちの場合はどうですか？　彼らにも同じやり方が活かせますか？」と、今度はションドラが尋ねました。「私には十代の子供が二人いますが、二人ともとても自己中心的なのです。いつも『私、私、私！』ばかりです。同じ方法を使って、彼らの気づきのレベルを上げられますか？」

「子供の場合はもっと簡単です。彼らは今世にまだ長くいないので、本当の自分により近いからです。彼らが気づきのレベルを上げられるように助けるのはとても楽しいことです。幼い子供たちが空想上の友人や亡くなった祖母が訪ねてきたと言っても、それを叱ったり、単なる空想だと言ったりしないでください。幼い子供はとても暗示にかかりやすいので、あなたが彼らの経験していることは真実でなく単なる空想だと言えば、その言葉を信じてしまいます。あなたが与えた信念が、そういったことを経験するのを妨げてしまうのです。私たちに、それが真実ではないとどうして言えるでしょうか？　それはまったく空想などではないかもしれません。本当に子供は亡くなった愛する人が自分を導いてくれるのを感じ、彼らと対話しているのかもしれないのです。

十代の子供の場合には、これをプロジェクト、もしくはゲームのようにすることをお勧めします。たとえば子供と食料を買いに出かけた時、車椅子の人を見かけたとしましょう。その人に聞こえないのを確認してから、彼らが日常生活で車に乗ったり買い物に出かけたり、シャワーを浴びたりトイレに行ったりする時、どのようにしているのか子供に考えさせましょう。この会話を好きなだけ深めてください。それについて書いてみたり、一日くらい体験してみることを提案してもいいかもしれません。車椅子の人がもっと簡単に生活できるような創造的アイディアを、子供が思いつくかどうか見ていましょう。彼らのアイディアが馬鹿げていて実現不可能に思えるものだったとしても、大したことではありません。大切なのは、彼らの他人に対する気づきのレベルを上げることなのです。

また別の日に、もしホームレスの人を見かけたら、お金がなくて、空腹で、雨宿りする家もなかったとしたらどんな感じだろうかと子供に尋ねてください。子供たちに深く考えさせて、自分ならどう感じるか、何をするか、どうすれば生き延びられるかを書いてもらうといいでしょう。空腹とはどんな感じかを経験するために、数日間食事を減らしてみることを提案するのもいいかもしれません。

子供とできるこのような会話の例は、他にもたくさんあります。たとえば、学校で他の人とは違うという理由でいつもいじめられたり、からかわれたりするのはどんな気持ちだろうかと尋ねるのも一つです。そして、いつもはあまり気に留めていなかった人に対して子供の気づきがいかに高まっていくか、見ていてください。あなたの子供は他人が感じていることを感じられる能力を発達させていき、弱者のために一番に立ち上がるような、繊細で気づきのある子供になるでしょう」

「それはすばらしいアイディアです！　どうして学校ではこのような方法を教育に取り入れないのでしょうか？　子供たちを競争させたり、自分とは違う人に対して恐れを抱かせるよりもずっと効果的に思えます」と、ションドラは言いました。

「もう一つ付け加えると、子供への言い方には気をつけてください。『もっと思いやりを持ちなさい！　どうして他人のことを考えられないの？　本当に自分勝手ね！』といったことは決して言わないでください。子供はそうやってガミガミ叱られるのは嫌いなので、かえって気持ちが離れてしまいます。これは、私が子供の頃に教え込まれたやり方です。私は自分勝手なのだと信じて自分の光を暗くし、この世で自分を輝かせることを恐れるようになりました。自分の子供に対して、誰もそんなことは望んでいないはずです」

しばらく静かに聞いていたジェーンが口をはさみました。「エゴについて詳しく話してくれてありがとうございました。人はスピリチュアル・ティーチャーがエゴを超越していることを期待して、そうでないように見えるとすぐに批判します。私たちが、自分のエゴが頭をもたげたのを見るたびに自分を批判するのは言うまでもありません。でもたった今、エゴがなければ物質世界で十分に生きることが不可能だというだけでなく、強く健全なエゴを持つことが必要なのだとわかりました。この世にいる限り、生き延びるため、そしてここに体験しにきたたくさんのこと――私たちの現実を作り上げている対照的な性質――を味わうためにエゴが必要なのですね。もっともなことだと思います」

「その通りです。エゴを押さえつけ、コントロールしなければならないという考えはスピリチュアルや宗教的なコミュニティに広く行き渡っていて、スピリチュアル・ティーチャーたちは人々をがっかりさせるのを実際に恐れています。ティーチャーである自分にもエゴがあることを発見されるのを恐れているのです。でも、もし誰もがエゴを持っていて、エゴはこの世での経験に重要かつ欠かせないものだと理解すれば、私たちは実際とは違う何者かになろうとするのではなく、もっと楽に呼吸できるようになって、本当の自分になることをゆるせるでしょう。矛盾しているようですが、私たちがエゴを受け入れてその目的を理解した瞬間、それは問題のあるものではなくなります。すべてがはっきりわかるようになり、もはや自分のエゴに栄養を与えたり、それを抑圧あるいは否定したりする必要がなくなるのです。さらに言えば、自分や周囲の人たちにとって健全なやり方で、エゴを楽しめるようになるはずです」

私たちは神を体現している

「私たちが本当は誰であり、何なのかを知る必要があると何度もおっしゃっていますね。でも、それは一体どういう意味なのでしょうか？　私たちは誰で、何なのですか？」と、グループで一番若い、二十代中頃のジェームズが質問しました。

「その答えは思っているよりもずっと簡単ですよ。私は子供たちが小さい頃にこのことを学んでほしいと願っています。他人と競争し、本当の自分を隠すように言われるのではなく、このことを教えてほしかったと私自身思うからです。私たちが知るべきなのは、自分は今ここでこの身体を通して神を体現しており、一人ひとりがこの三次元の物質世界で自らの目を通して神性を表現しているということだけです。

競争心を持ちなさいと教えられた時――言い換えれば、世の中にはみんなに行き渡るだけの十分なものがないのだから、よい大学へ進学してよい職業に就くために他人よりもよい成績を取らなければならないと言われた時――、つまりは「私たちは別個の存在だ」と言われたのです。私が成功するにはあなたよりも優れていなければならず、私はあなたを恐れ、あなたの成功は私の成功を脅かすと思わなければなりません。もっと極端な受け止め方をしてしまい、自分が失敗することへの恐れから他人の足を引っ張り、前に行く方法を見つけようとする人もいるでしょう。これは、私たちの気づきのレベルがゼロまで下げられ、エゴのレベルが最大値になっている時に起こりうることです。この状況では、他人のニーズや感情についてまったく気づいておらず、自分のニーズや恐れを超えた他人とのつながりを感じてもいないのです。

でも仮に、私たちが気づきのレベルを最大にすることを奨励されたと想像してください。それから、競争するのではなく協力し合うように教えられたとしましょう。すると、おそらくこの世界は劇的に変わるでしょう。もしこのことが起これば、私たちはこの惑星とそこに住むすべての生き物に対して、はるかに大きな思いやりと尊敬と愛を抱けるようになると思います」

多くの参加者がうなずいていました。明らかに彼らの琴線に触れたようです。私はそれから少しの間、黙っていました。次に話すことについて、細心の注意を払ってほしかったからです。それは私にとって、非常にパワフルな学びとなったことでした。

「私が本当の自分は誰かということ――つまり、自分はこの身体や個性、エゴや文化や人生を通して表現されている神であること――を思い出した時、私が内側で感じていることに周囲の人たちが反応するようになったのです。私の環境は変わり、状況に対する私の反応も変わりました。私は、一人ひとりが信じられないほどパワフルな存在であり、そのパワーを奪われることは決してないと信じています。内側にあるこの神秘的な普遍の力を見えなくしているのは、私たちの思い込みと条件づけなのです。たとえそれに気づいていなくても、私たちは一日中、毎日、神性を生きています。私は組織的な宗教における神のことを言っているのではありません。ですから、宗教や神を信じていない人にとってもこれは真実です。神という言葉は、自分にとって最も高次のイメージを認識しやすい言葉に置き換えてかまいません」

再び、部屋中が静かになりました。みんながこの内容を吸収し、もし自分が認めさえすれば、これはすべてを変えうる重要な真実であると気づいたようでした。

「私は、自分が癌になった理由の一つは、自分が神であること、自分の神性を忘れてしまったためだと信じています。宇宙に存在するすべての人、あらゆるものと協力して自分もこの人生で神を体現しているのだということを、私は忘れていたのです。その結果、健康の感覚や幸せの感覚を拡大する道を選ぶことができなくなりました。これらの道は、私の低すぎる気づきのレベルでは、単に利用不可能だったのです。

でも向こう側の世界で、私がしなければならないことはありのままの自分でいること、自分の神性を生きることだけだと突然思い出しました。私は自分がこの世に現れた神であることを、すべての細胞で知らなければなりませんでした。そして、私は私自身であることによってこの真実を具現化したもの、つまり、神がこの世に現れた無数の方法の一つであると知る必要があったのです。たとえこの事実を一日に百回思い出しても、決して多すぎることはありません。あなたと私は今この瞬間、この場所で、この身体を通して表現された神なのです。これ以上に重要な気づきは存在しません」

この世で生きるにはエゴが必要

「すばらしいお話ですね！　でも、自分の気づきのレベルを最大にするのが望ましいことであり、それが自分は誰で、どこからやってきて、何のためにここにいるのかを思い出す助けになるとするなら、エゴのレベルを下げるのがなぜ悪いのか理解できません。どのような害があるというのですか？　エゴのレベルを下げたほうが、私たちはもっとよい人間になれると思うのですが」と、デボラが言いました。

「高い気づきと低いエゴが私たちをよりよい人間にするように思えるというのは、少なくとも他人に対する影響を考えればもっともです。でも、もしそうなれば、この世であなたは生き延びることはできないと思いますよ。私にとって、エゴは生きるために必要なメカニズムです」と、私は説明しました。

「気づきが全開でエゴがないと、私の臨死体験中の状態とまったく同じになります。向こう側の世界では身体がなく、自分のアイデンティティや感情などを他のものと分離するのが難しい状況でした。すべての人の感情が、自分の感情と同じくらい強烈に感じられたのです。私は傷つけられた人の痛みも、苦しみや愛の欠如から他人を傷つけてしまった人の痛みもすべて感じていました。

その状態では〝悪いもの〟と〝よいもの〟が識別できませんでした。なぜなら、〝悪いもの〟も〝よいもの〟も存在しなかったからです。この惑星のあらゆる創造物に対して共感と思いやりを感じ、自分を傷つけた相手にさえ無条件の愛以外のものは感じませんでした。彼らは自分の無知と苦しみからそうしたのだと理解できたからです。でもこの世では、生活のあらゆる側面において常に他人に対処しなければならないので、そのような状態で生きるのは難しいでしょう。その状態では、私たちは非常に傷つきやすくなってしまいます。常に相手に対して無条件の愛を感じ、彼らの苦しみをすべて感じるために、エゴが全開の人たちの標的になるでしょう。ですから、個人として生き延びるために、私たちには何らかのメカニズムが必要なのです。さもなければ、他人の要求や痛みや感情の中で、完全に自分を見失ってしまうでしょう。すばらしいことに、物質世界には私たちのためにまさにそのようなメカニズムが存在しています。それが、エゴと呼ばれるものなのです」

これがグループ全体に十分理解されると、何人かはクスクス笑い、多くの人はうなずきました。ジェームズが口をはさみました。「もし他の人もみんなエゴのレベルを下げて、気づいた状態で生きていれば、同じことをするのがもっと容易になりますね」

すると、ションドラが言いました。「おそらく、それがアシュラムやコミューンの背後にある考え方なのだと思います。つまり、エゴを忘れて、純粋に意識的な気づきのレベルで集まった人々の共同体を作るということです。でも、それなら一体どうしてこの地球にやってくるのでしょうか？エゴが重要であるような場所に来ないで、なぜ非二元性の状態に残っていなかったのでしょうか？」

今度はキャシーが言いました。「コミューンやアシュラムは意識的な生き方をするのによさそうではありますが、必ずしも意図した通りになっているとは限りません。みんな人間なので、どこへ行くにもエゴを持ち込みます。私がアシュラムに行った時の経験から言えば、その大半はすばらしいものでしたが、長くいればいるほど人々のエゴが現れ始めるのに気づいていきました。人々は外の世界にいる時と同じように、そこでも競争をしていたのです。スピリチュアルな学びの度合いについてさえ、他人と競争していました。それぞれが自分は他人よりもスピリチュアルであることをグルに証明したいと思っていて、グルからの注目を競うのは言うまでもなく、全員がグルのお気に入りになりたがっていたのです。それに、自分の要求したものを用意できなかったと、グルが弟子に対して無愛想に小言を言っているのを目撃したことすらあります」

それに対して、私はこのように答えました。「エゴを否定していると、それは様々な状況で、予告なく、コントロール不能な形で現れます。一方、もしエゴを受け入れてその存在を認めていれば――エゴを自分がこの世にやってきた理由の大切な一部であると認めれば――、都合の悪い時に爆発して私たちを驚かせることはなくなります。私は本当に、エゴがなければこの世界で生きるのは非常に難しいだろうと考えています。エゴとの関わりを絶って意識的な気づきの状態で生きようと努力している人が、最終的に世捨て人のような隠遁生活をするのは、おそらくそのせいでしょう」

「恋人同士の二人において、一人はエゴが全開で気づきのレベルが低く、もう一人はまったく反対というのはありえますか？　もしそうなら、どんな関係になるでしょうか？」と、ジェームズが尋ねました。

すぐにキャシーが反応しました。「エゴ全開の人が二人の関係をすべて支配して、もう一人は逆に相手のご機嫌をとってばかりいるに違いないわ！」

そこで私は、「もし私たちにエゴがなければ、自分のニーズを満たすことは不可能です。そして、他人からの虐待に身を任せることになってしまうでしょう。ですから、自分自身を愛すること、そしてエゴを持つことが重要なのです」と付け加えました。

タイミングを見計らったようにホテルのマネージャーが現れ、水上バスの運転手が到着したので出発の用意をしてくださいと言いました。彼は、ようやく〝救出〟されることに私たちが大喜びすると思っていたようですが、実際に聞いたのは「えーっ、もう帰るのですか？」というみんなの声でした。でも、この時すでにまるまる二時間が経っており、時計は午後六時を指していたのです。私たちはお茶の最後のひと口を飲み終え、自分の持ち物をまとめてホテルを出発し、乗り物が待っている海辺への道を歩いていきました。

水上バス乗り場に到着し、側面にかかった梯子を使って一人ひとりデッキに上りました。乗り物が本土へ向けて出発すると、私たちは広大な海を眺めました。やがて本土に到着し、乗り物を降りて砂浜を歩き、岩の階段を上ってカレッジ行きのバスが待つ場所に向かいました。バスがダーティントンに向けて出発した時には、全員がウキウキした気分でした。足止めを食らったことで、思いがけず楽しい時間を過ごせたからです。それはまったく予定にはない、即興的なすばらしい議論でした。

私は、残りのリトリートが全員にかなり深い経験をもたらすだろうとわかっていました。というのは、なぜ物質世界でエゴが必要なのかを考える機会を得たからです。さらに、「私たちはみんなつながっていて、全体の一部である」という気づきとのバランスをとりながらエゴを保つ方法についても理解できたのです。私たちが自分を愛することを学び、それぞれがこの世界にやってきた役割を大事にすると、いかに物質的次元での経験が豊かになるかということに、私は再び胸を打たれました。

今ここで天国を生きるためのヒント

もし「スピリチュアルであるとは、エゴに打ち勝つことだ」というのが誤った社会通念だとしたら、真実はどのようなものになるでしょうか?

✤可能性のある真実として、次のようなものを考えてみてください。

▼エゴは私たちの敵ではなく、私たちはそれに打ち勝つ必要はありません。エゴは、物質世界で生き延びるために必要なものです。

▼私たちは、分離と二元性を経験するため——つまり、ここでの現実を作り上げている豊かで対照的な性質を経験するため——に物質世界へやってくるという選択をします。エゴがなければ、このような経験をするのは不可能です。

▼私たちは、健全なエゴと気づきの両方を持って生まれてきます。

▼自分を愛するのは利己的なことではありません。それは、最高の健康状態と幸せのために欠かせないものです。

▼私たちが自分を愛し、エゴを受け入れれば受け入れるほど、エゴを超えて自分を見つめること、無限の自己に気づくことがもっと容易になります。

✤ヒントとエクササイズ

▼あなたが人生をどのように生きているか、他人とどう関わっているか、自分の思考や感情も含めてじっくり考えてみましょう。あなたの気づきとエゴのレベルがどれくらいか、はっきり認識してください。

▼愛する人がエゴのレベルと気づきのレベルのバランスを失っているようなら、あなたの夢や願望や恐れを分かち合いつつ彼らにどんな夢や願望や恐れがあるかを尋ね、気づきのレベルを上げてもらいましょう。

▼自分の神性に気づいていられた時と、それに対する他人の反応を日々記録しましょう。同様に、神とのつながりを忘れてしまった時と、それに対する他人の反応も記録してください。そして、二つの経験を比較してみましょう。

▼不安や恐れ、あるいは怒りを感じるたびに、何も（そして誰も）あなたの内側にある神なる力を奪うことはできないことを思い出してください。その神なる力に恐れやネガティブな感情を

与えるのではなく、自分を愛してケアしながら栄養を与えれば、あなたの神性ともっとつながりやすくなるでしょう。

✤自分への質問

▼批判されるのを恐れて、自分の欲求や本当の自分を表現することを抑圧していないだろうか？いつも自分のことを後回しにしていないだろうか？

▼周囲にいるすべての人とのつながりをはっきりと認識し、彼らと競うのではなく協力し合うというのは、私にとってどんな感じがするものだろうか？

▼他人の批判によって自分の気づきのレベルを下げ、本当の自分よりもはるかに小さい存在であるかのように行動していないだろうか？

▼この物質世界において、自分が神の表現の一つであることを認識できないようにさせているのは、

どんな信念だろうか？　自分の真の性質を十分に受け入れられないようにしている信念や条件づけをなくすために、何が必要だろうか？

✤バランスがとれていて、エゴと気づきがともに最大の状態で機能していると言えるのは、次のような場合です。

▼すべての人の痛みという重い荷物をまるで自分のもののように背負うことなく、他人に対して思いやりや共感を抱いている。

▼自分のユニークさを表現し、本当の自分、そして物質世界へやってきた理由を発見させてくれるエゴに感謝している。

▼エゴを超越していないからという理由で、他の人たち（スピリチュアル・ティーチャーを含む）を非難しない。

▼他人に傷つけられた時のことについて、彼らは自分の無知や苦しみからそうしたのだと理解している。

▼恐れや飢えを感じている機能不全な自己ではなく、十分な理解と喜びにあふれた自己として顕現している。また、そのことが自分だけでなく自分と接するすべての人に力を与えると知っている。

chapter 9

誤った社会通念❾ ―― 女性は男性より弱い

「〝サミラーへ〟とサインしていただけますか？」オリーブ色の肌の美しい女性が、ヒジャーブ（イスラム教徒の女性が用いる顔を隠すベール）の下から大きな目で私を見つめながら言いました。

彼女は、カリフォルニア州パサデナで開催されたヘイハウス出版のイベントで私が講演後に行った、サイン会の列の一番最後の人でした。

「もちろんです。きれいなお名前ですね」

「ありがとうございます。私の名前です」彼女は微笑んでそう言うと、私が綴りを間違わないように教えてくれました。

私が扉ページにサミラーへのメッセージを書いていた時、彼女が言いました。「あなたの本が大好きです。あなたが人生で経験なさったことにとても共感できるのです。特に、文化的背景によって大変な思いをしたということに……」

「文化的な理由によるものはとても扱いにくいですものね。その多くのものに対処する必要がなくなって、本当にホッとしています」

「うらやましいです。ところで、少しお話しする時間をいただけませんか？　実は、数分でもあなたとお話ししたくて、列の一番最後に並んでいたのです。お茶かコーヒーをご馳走させてください」

私は目鼻立ちのはっきりした彼女の笑顔、足首まで届く濃い花柄のドレス、肩にふんわりかかった美しいシルクのヒジャーブに目をやりました。そして、直感的にとても面白い会話になるだろうと感じて、彼女の誘いを受け入れたのです。それから後ろを振り返り、私の講演を手伝ってくれているヘイハウスのジェニファーの方を見ました。

「ジェン、もう一人で大丈夫よ。お手伝いしてくれてありがとう！」

「本当に大丈夫ですか？　著者のラウンジまでお連れしましょうか？」

「いいえ、大丈夫よ。これからこの素敵な女性とお茶に行くの」私はサミラーの方へ手を向けながらそう言い、感謝の気持ちを示すためにジェンのところへ行ってハグしました。

「コンベンションセンターのロビーの少し先に静かなカフェがあるんです。そこでランチを食べました」と、サミラーが言いました。

「みんな大ホールで次の講演者の話を聞いているでしょうから、カフェは私たちだけだと思いますよ」と私は言い、私たちは早速カフェへ向かいました。席について注文をすませると、サミラーはすぐに最初の質問をしてきました。

「向こう側の世界のことをお話ししていた時、あなたは自分には文化も性別も宗教もなかったとおっしゃっていました。それは本当なのですか？　死後は、本当に誰も性別や文化や宗教のようなものを持っていないのでしょうか？」

彼女は真剣な顔つきで、その確約を切に求めているようでした。

天国に性別はない

「ええ、それは絶対に確かなことです！　向こう側の世界では私たちには物質的な身体がないので、身体の一部である性別もありません。性別は、私たちが生物であることの一部です。この世では子孫を作ることを期待されますから、生殖系を持たなければなりません。けれど、身体がなくなれば生殖系も必要なくなります。向こう側の世界では私たちはもはやそのような生物ではなく、純粋なスピリット、まさしく光の存在——純粋な本質、純粋な意識なのです」

「あなたのおっしゃることは心から信じています。でも問題は、私が男性によって支配される文化に暮らしていることです。私たちの文化では、女性は無視された存在です。私がどんなに賢くても、どんなに知識があっても関係ありません。男性に対しては、彼らの地位や経験や教育にかかわらず、単に彼らが男性であるという理由だけで私はすべてにおいて屈しなければならないのです。

そこで高く評価されるには、とにかく逆らわないようにして、自分の光を曇らせなければなりません。自分をより目立たなく、より小さくして、私の人生にいる男性を大きくすればするほど私はより高く評価されるのです！　あなたがおっしゃるところの私たちがこの世にやってきた理由とは、正反対のことをしなければなりません。評価されるには、癌になる前のあなたのようになることが期待されています。私の文化では、それが女性にとってのポジティブな特質だと考えられているのです。

以前、娘の学校のことで夫と完全に意見が対立したことがありました。娘はもがきながらも新しい環境にうまく適応しようと努力していましたが、夫は娘がよその文化に溶け込むことを望んでいなかったのです。仕事のために母国を離れて、ここに住むと決心したのは自分なのに……。一方、娘が二つの文化の間で折り合いをつけようと苦しむのを見ているのはとてもつらいです。息子はこのような問題を感じていません。というのも、息子に対しては、夫は地元の文化に溶け込んで学校で友人を作り、みんなと一緒に行動することをゆるしているからです。彼は、娘に対してよりも息子に対してかなり寛大なのです。

このことに関して夫は意見を変えようとしませんが、私は自分のほうが娘に最善のことをしていると信じていました。そこで、私たちがよく助言を求めている、コミュニティでとても尊敬されている男性のところを訪れました。彼はアメリカに長く住んでおり、ここで自分の子供を育てたので、この問題を理解してくれると思ったのです。私は、彼が夫との話し合いを助けてくれることを期待していました。でも、この問題を切り出した時の彼の反応は、『ご主人が家長なのですから、彼の意見に従わなければなりません。彼の望みに逆らうのは間違っています。娘さんをご主人の望みに逆らわせるのも間違いです。あなたが娘さんにこのことを説明しなければなりません。さもなければ、それが私たちの文化であることをどうやって娘さんは学べますか？　母国に住んでいない私たちは、学校では自分の文化について学べないのです。ですから、彼女に教えるのはあなたの責任です。いつか、彼女は自分の夫に合わせなければなりません。そのことを今から学び始めるほうがいいでしょう。そうしなければ、婚期が来た時にあなたも娘さんも問題を抱えることになります。もし自分の文化的伝統からあまりにもかけ離れてしまうと、適切な夫を見つけるのが難しくなりますよ』というものでした。彼からこのような答えを聞いた時、私がどれほどイラついたかおわかりになりますか？」

「その時のあなたのお気持ちは痛いくらいわかります」と言いながら、私は自分が経験した文化的な問題のこと――学校の友人たちにうまく溶け込もうとしたり、文化的な制限から逃れたいと願ったりしたこと――を思い出していました。私も彼女と同じような警告を与えられました。つまり、もし私が文化的基準からかけ離れていれば、夫を見つけることはできないと言われたのです。

サミラーは続けました。「私はあなたの本だけでなく、あなたのような経験をした人の話をたくさん読みました。おかげで私は、真実が見えたような気がしています。中でも、私と同じような文化的問題に直面していたあなたの経験は、胸にグサリときました。あなたがおっしゃっていることは真実だとわかっています。でも、その真実を知った上で社会に適応するには、どうすればいいのでしょうか？ 私は今、自分の周りで起こっている露骨な性差別を見ながらもがき苦しんでいます。私の文化でいかに女性が沈黙を強いられ抑圧されているか、いかに一番大きな声の者たちが支配権を握っているかを私は理解しています。私の環境がもともと違うから、あるいは環境が変化したからこれを疑問に思っているのではありません。むしろ、私自身が変わったのです。私の世界は大きく開かれました。なぜなら、今の状態は神が私たち女性に望んだものではないと知ったからです。神の目から見れば、私たちはみんな平等です。私たちの声はすべて同じように重要です。女性についての間違った考えを作り上げたのは、男性の大きく攻撃的な声なのです。でも、私だけがこのような見方をしているように感じられるのはなぜでしょうか？ 『これなら知らないほうがよかったのかもしれない』と考えることさえあります」

文化的な男女の役割

サミラーの話は私にとってあまりに生々しく、強烈でした。心から彼女の胸中に同情し、彼女の言葉に深く共感しました。というのも、彼女は自分とまったく同じ経験をしていたからです。このところ性差別やそれが社会に与える影響について考えていた私にとって、この出会いのタイミングは興味深いものでした。私は二〇一六年の大統領選挙のニュースを見ていましたが、地球上で最も進歩的で自由な国だと世界中から思われているこの国で、今回の選挙まで有力な大統領候補になった女性は一人もいないということに驚きました。その上、最近見ていた大統領候補者のディベート（共和党候補のディベート）では、十人の候補者のうち、女性は一人もいませんでした（二回目のディベートに追いやられた女性候補者は、次のメインディベートに出られるほどの投票数を獲得しましたが）。候補者たちは、女性に妊娠中絶の権利を与えるべきかという繊細な問題を討論しており、さらに、レイプされた場合は中絶することを法的にゆるすかどうかという議論をしていました。圧倒的な数の候補者が、たとえレイプによるものであろうと、いかなる場合も妊娠中絶には反対だと主張していたのには当惑しました。

もっと気がかりだったのは、彼らの決断が、女性を妊娠させた男性よりも女性の身体や生活にはるかに大きな影響を与えるにもかかわらず、この問題の議論に女性が一人も参加していないということでした。

このディベートを見ていた時、アジアで育ち、主要な役割はすべて男性のものだと教え込まれた自分の思い出があふれ出てきました。そして今、それは私の文化に限ったことではなかったのだと理解しました。単にいくつかの文化では他の文化より多少その傾向がはっきりしているというだけで、それは世界中の至るところに言えることだったのです。

誰も口には出しませんでしたが、「女性はいつも従属的な役割を持ち、男性に仕えるもの」ということは幼い頃の私の目にも明らかで、男性が支配するのが当たり前のように思えました。そしてこの社会通念は、他のものと同様に、私が二十代になっても影響を与えていました。なぜなら、それはテレビの中ではもちろんのこと、実生活でも真実のようだったからです。企業社会、政府、政治、軍隊のいずれにおいても上級職はすべて男性のもので、そこに女性が関わっている場合は事務員や速記者、秘書といったサポート業務でした。

医師はたいてい男性で、看護師は女性として描かれていました。私の幼稚園や小学校の先生たちは女性ばかりでしたが、高校や大学のような高等教育になるとほとんどの先生は男性でした。この状態が延々と続いたのです。

「おそらく私の本を読んでご存知だと思いますが、私が育った文化ではお見合い結婚が当たり前で、私も若い頃、よい妻になるよう仕込まれました」と、私はお茶をゆっくりすすりながら言いました。

「ええ、わかっています。でも、私が育ったコミュニティはあなたが育ったところよりもはるかに保守的だと思いますよ。お見合い結婚から逃げ出したあなたをご両親が受け入れてくださったのですから、本当に羨ましいです。さらには、あなたのことを理解し、あなたの理想を助けてくれるすばらしい男性と結婚もできたのですから。しかも、人生がまったく変わるような経験をした後でさえ支えてくれるなんて！　私の状況は似ているようですが大違いです。私の父は非常に厳格で、誇り高い男性でした。どんな理由であろうと、私たちは彼の望みに逆らうことはできませんでした。

子供の頃、両親はとても愛情にあふれていましたが、文化的に男女の役割がはっきり決まっていました。父は仕事へ行き、家事と子供の世話は母の役割でした。家族にとって大切な決断をする際には、父がいつも最終意見を述べました。母はたとえ自分の思い通りにすることができても、父に納得してもらえるように努力しなければなりませんでした。私たちみんなが父はいかなるものも禁止する最高の権力を持つと信じており、母にとっては、父に同意してもらうことが一番大切なことだったのです。つまり、父と母の関係は相互の信頼や平等ではなく、伝統的かつ文化的な男女の役割の上に成り立っていたということです」

文化的状況は究極の現実ではない

「ところで、臨死体験から戻ってきたばかりの頃のことを聞かせていただけないでしょうか？　真実を理解した後でこの世に戻ってきて生活しなければならないというのは、どんな感じでしたか？」と、サミラーは熱っぽい口調で質問しました。

「もちろん、簡単ではありませんでした。昏睡状態から覚めて癌が治った時、私は自分が学んだことを屋上から叫びたいくらいでした。向こう側の世界を見たと感じていましたし、本当の自分も知ったからです。私は他の人より劣っている人は誰もいないということを、みんなに理解してもらえる根拠を発見したと信じていました。自分はとうとう真実を見つけ、他の人もそれを知りたいに違いないと感じたのです。

でも、世の中はこの真実を聞く準備ができていないのだとすぐにわかりました。なぜなら、私が伝えなければならないことの多くは、私たちの文化的規範に逆らうものだったからです。私の言っていることのほとんどが、伝統的な考えにとっては脅威となるものでした。私にはそれを分かち合うという選択肢しかなく、そのためにこの世に戻ってきたにもかかわらず、屋上から叫ぶことはできなかったのです。そこで、静かに自分の生活を送りながら、目立たないオンラインチャットという比較的安全な場所で話を共有していました。

でも宇宙は、もっと大々的に私の話を伝えるべきだと決めたようです。結局、屋上から叫ぶ運命になっていたのでしょう！　向こう側の世界で父や親友に会った時、彼らは『この世に戻って、今度は恐れずに自分の人生を生きなさい！』と言いましたから。ネット上で私の話が急速に広まり、ウエイン・ダイアーが私を見つけて本を執筆するように言ってくれた時、このことがようやくわかったのです。まるで宇宙が、私が恐れずに自分の話を広められるように私の中からその話を引っ張り出してくれている感じでした。結果、私はこの世界で新しい居場所を見つけ、今ではそこから自分の声や意見を自由に話すことができるようになりました」

「けれど、こちらに戻ってきて、それまで自分が信じるように言われてきたことの多くが真実ではなかったと理解した時、すごく変な感じがしたでしょうね。きっと怖かったに違いありません」

と、サミラーは言いました。

「怖いなんてものじゃなく、心細くてなりませんでした。向こう側の世界にいた時、自分がいかに成長の過程で様々な信念を教え込まれてきたか、はっきりとわかりました。その中には、誰も疑問を感じることなく世代から世代へと受け継がれる、伝統や迷信のような誤った情報も含まれます。さらに理解したのは、私たちがこのような社会通念を実際に信じるまで、それらには何のパワーもないということでした。私たちがそれを信じた時、それが自分にとっての真実となるのです。私たちが受け入れている多くの社会通念は不健全なものばかりです」

私はカップにお茶を注ぎながら、サミラーが熱心に聞き入っているのが見えました。

「自分自身の外に出て、これらの目に見えない信念を見ることはほとんど不可能です。なぜなら、それは鏡なしに自分の目を見ようとする、あるいは指の先で同じ指を触ろうとするようなものだからです。『自分は他よりも劣っていて、小さくて弱い』と私に感じさせていたすべてが真実ではないとわかったのは、物質的な身体の外に出て、この世での人格を捨て去ってからでした」

「とてもわかりやすく説明してくださり、ありがとうございました」と、サミラーは安堵したように言いました。「これに関して、もう一つ質問があります。男性より低くて弱い存在に扱われるなら、どうして私たちは女性としてこの世にやってくることを選ぶのでしょうか？」

「あなたがこの世である特定の家族に生まれ、特定の夫や子供たちと生活し、特定の文化で生活しているのには理由があります。少なくとも私はそう感じています。私たちみんなにとって、男性であったり、女性であったり、トランスジェンダーであるのには理由があるのです。同性愛者であることやそうでないことにも理由があります。私は誰もが自分は本当は何者かという真実を知っていて、その真実を他人と共有したいと願ってこの世に来たと信じています。けれど、周囲の文化に溶け込むように言われるにつれて、多くの人はその真実を次第に忘れ始めるのです。そして、周囲の人たちを失望させまいという罠に落ちていき、うまく適合するために自分の光を暗くしてしまいます」

陰と陽

「もちろん、向こう側の世界では女性は男性より弱いとは見られていません。身体のない世界では、みんな平等で等しく強力なのです。陰陽を表す太極図を考えてみてください。それは中国の、女性エネルギーと男性エネルギーのシンボルです。陰と陽が一緒になって完璧な円を作ります。完璧になるには両方が必要なのです。それが性別だけでなくすべてに対しての、向こう側の世界での見方です。対照的な価値はすべて、完璧な全体を生み出すためのものなのです。

私たちは、自分が経験したいと思っていることによって男性か女性、あるいはトランスジェンダーを選び、この世にやってきます。もし女性であることを選択した場合、概して陰のエネルギーを多く持っています。これは、他人の感情はもちろんのこと、自然や自分の感情とよりつながっていることを意味します。陰の性質が強ければ、母親らしい愛情にあふれ、人の気持ちも理解できるでしょう。でも、もし男性として生まれる選択をすれば、陽のエネルギーを多く持つことになります。それは、私たちの注意を外側へと向けさせ、身体的にたくましく、丈夫で大きくしてくれます。その性質ゆえに、男性は保護者としてふさわしくなるでしょう。自分が選んだ性別と違う身体で生まれてきた場合でも、このことが当てはまります。突き詰めていくと、私たちのエネルギーは本当の自分と一致しているのです（必ずしも私たちの物質的身体とは一致しないかもしれませんが）。たとえ自分の真実と一致しない身体だとしても、自分の文化を選ぶのと同じように、私たちはその物質的身体を選んでいます。

陰と陽は対立するものではなく、補完し合う力です。それらが互いに影響し合うとダイナミックなシステムが生み出され、個々の総和よりも大きなものになるのです。すべてのものには陰と陽の側面があります。たとえば、影は光がなくては生まれません。同じように、私たち人間は種を持続するために男性と女性の両方がいなければなりません。もし女性か男性のどちらかを消し去ったら、一世代で全人類が消えてしまうでしょう」

「どうして男性はそのことがわからないのでしょうか？」と、共感したようにサミラーが言いました。

「実際には、それは男性だけに言えることではないと思います。こんなことが起こるのをゆるし、これほど長く続いているのは、私たち全員が共犯者だからでしょう。たとえば子供の頃、もし私が自分の文化に逆らう何か——たとえば不適切な身なりや夜遅くの帰宅など——をしたら、男性だけでなく、女性たちも私の陰口を言っていたはずです。私たちのコミュニティの年頃の息子がいる母親たちは、私は自分の息子と結婚するのに相応しくないと私の母に告げて、私に恥をかかせたでしょう。夜遅くデートに出かけている私は、汚れているに違いないからです」

最後の部分を話す時、私はサミラーの顔の前で、わざと人差し指を振ってあざ笑うような仕草をしました。彼女の恥ずべき行いを指し示すようにです。私たちは顔を見合わせて大笑いしました。このような辱めによる社会的なプレッシャーがどのようなものか、二人ともよく知っていたからです。

「さらに、かなりの数のレイプ事件が報道されているインドの現状についても気になっています」と、私は真剣な口調で言いました。

「インドでレイプは日常茶飯事ですが、ほとんどの事件は報告されません。なぜなら、家族に恥をかかせたとして被害者が責められる文化だからです。刺激的な服装や夜遅くの外出のせいで自らが招いた結果だと被害者を責め立てているのは、男性だけでなく女性も同じなのです。

どんな状況下でも、レイプは容認されるべきではありません。女性がレイプの被害者を責めるのはもちろんのこと、誰であれ被害者を責める人がいるということに、私は悲しみを覚えています。私たちは同じ女性として、被害にあった女性を守る必要があると思います。そして自分の息子たちに、自分よりも身体的に弱い人を敬って守るように、また、女性に対するレイプや虐待をゆるさないだけでなく、そんなことをする人を容認しないように教えなければなりません」

「その通りだと思います」と、サミラーは言いました。「私の文化では、息子たちに女性を敬い気遣うように教えるのではなく、娘たちをコントロールしようとしています。どうしてそんなことをするのかわかりません」

「それが、何世代も続いてきたやり方だからだと思います。誤解のないように言えば、私は自分たちの困難な状況を男女どちらかのせいにしようとしているのではありません。むしろまったく逆で、誰にとってもこのような恥ずべき行為をする言い訳などは存在せず、文明社会に生きる人間が身体的に弱い人たちを虐待するのに自分の力を使うのはゆるされないことだと言っているのです。けれど、私は責任のなすり合いはしたくありません。それは無駄に終わるだけだからです。社会あるいは文化として、私たちみんながこのようなことに対する責任を取る必要があります。そうすれば、物事が変わるのをただ座って待っているよりもはるかに力を得られるでしょう。

多くの社会が直面している難題の一つは、この世でのびのびと活躍している女性のロールモデルがほとんどいないことです。今日でさえ女性はまだ男性の庇護のもとにあるように描かれており、進歩的で人生をよくしたいと願う女性は男性社会で戦わなければならないと感じています。それは本当に嘆かわしいことです。彼女たちは、自分の威厳や自由を保持するために常に戦わなければならないので、女性的な特質を抑圧するようになり、成功するために男性のようになってしまいます。そのような女性を遠くから尊敬することはあっても、ほとんどの女性は恐れて同じ真似はできないでしょう。多くの女性には、男性と対等の条件で競う勇気がありません。そんなことをすれば『威勢がよく、横柄で、攻撃的だ』と批判されることを知っているからです。それによって、パートナーとしての魅力が失われることを心配しているのです」

優しさは強さ

「病気になる前、私は出世の階段を上り、目に見えない壁にぶつかっていました。もうこれ以上先にはいけないとわかったのです。上層部はすべて男性だったので、一生懸命働いてクライアントとどんなにすばらしい関係を築いても、彼らは私を出世させないだろうと知って愕然としました。私は自分の達成目標をクリアしてとてもいい仕事をしていましたが、私が昇進候補に挙がった時、一人の男性のために候補から外されたのです。上司からは、これ以上の昇進はないと言われました。

私はその理由を尋ねましたが、彼は『女性だから』と言っただけでした。さらに、私は結婚しているので仕事が十分にできないかもしれないし、ひょっとすれば子供ができる可能性もあるなどと言われました。彼は私が昇進できないことを明らかにしただけでなく、〝典型的な女性〟のように結婚や妊娠などで仕事に支障が出た場合にはすぐに降格だとほのめかしたのです。

しばらくは、私も男性と同じように仕事ができることを上司に証明するために、強くたくましくなろうと努力しました。男性が優位に立つ環境で長時間労働とストレスの多い仕事に耐え、〝典型的な女性〟と見られないように懸命に働いたのです。けれど、彼は私がとても仕事ができるという事実が気に入らなかったようです。彼は、会社の最高幹部チームに私を入れたくなかったのでしょう。私が失敗するようにはめようとしたことさえ何度かありました。私の達成目標を非現実的なレベルまで上げて、目標を達成しなかったことを本社に報告しようとしたのです。

もしそのような扱いに対する懸念を表明したら、そんなに繊細ではだめだ、出世の階段を上りたければもっとたくましくなる必要があると言われたはずです。私は最初は自分を責め、あまりに傷つきやすい自分を叱りつけました。そして、自分の弱さゆえに降格させられることを恐れ、女性らしさを抑圧して男性のようになろうとしました。でも、しばらくすると疲れ果て、ストレスに押しつぶされて燃え尽きてしまい、結局は仕事を辞めてしまったのです。当時は上司に対してかなりの怒りを感じていました。なぜなら、彼に操られたとわかっていたからです。

向こう側の世界を経験するまで、私は自分が〝典型的な女性〟のタイプで、それを誇りに思うべきだということが理解できませんでした。〝典型的な女性〟の性質の何が悪いのでしょうか？それは、私の持っている最も大きな力です。この世で成功するために男性のようになる必要はありません。実際、女性的な性質は邪魔になるものではなく、それがあるからこそ私は成功するにふさわしいのです」

私がそう言うと、サミラーは熱意を込めて同意しました。「私たちは表に出ていき、リーダーになる必要があります。ただし、男性の決めた条件ではなく、私たち女性が決めた条件によってです。男性エネルギーと女性エネルギーが平和に共存するような自分たちのビジネス、自分たちの会社を作る必要があります。私たちの感受性を弱さではなく強さとして見なければなりません。男性社会で競争できるように共感やハート、思いやりを隠してしまうのではなく、それを中心に持ってくる必要があります」

「その通りです！　それが男性、女性の両方が犯している間違いであり、世界がこんなに不安定である理由の一つでしょう。私たちは『女性的な性質は弱いものだから、仕事で成功するには隠す必要がある』という誤った社会通念を受け入れてしまったのです。でも、健全な全体を生み出すには、男性的な性質と女性的な性質の両方が必要です。最も健全な社会を作るには、男性、女性、トランスジェンダー、ゲイなど、全員にとっての自由という観点から考える必要がありますね。人種や社会経済的なレベルとも関係なく」

私は続けました。「きっとご興味がおありだと思うのでお話ししますが、私の退職後、上司はかなり苦労したようです。というのも、すべてのクライアントとの関係を維持していたのは私だったからです。私の会社は女性のファッション小物の卸売業者でした。クライアントは私を信頼して、自分の店で売る商品の注文を私に一任していました。私にはアジア人女性に似合うものを選べるという特技があったようです。私はバイヤー全員と強い絆を築いていました。一方その上司は、私の仕事を引き継いだ時、何を注文していいのか見当もつきませんでした。それに、彼とバイヤーにはまったく交流がなかったので、バイヤーたちには彼に対する忠誠心もありませんでした。それどころか彼らは私を辞めさせたことを不満に思い、結局他のブランドへ移ってしまったのです。私を降格させると脅した時、その上司はクライアントは商品ではなく私をひいきにしているということを理解していませんでした。結局会社はかなりの売上を失ってしまい、本社は上司をクビにして、彼の部署を売り払ってしまいました」

その皮肉な話にサミラーはクスクス笑っていましたが、急に真面目な表情になって言いました。

「あなたが典型的なビジネスマンじゃないからといって、会社の大きな戦力にならないわけではないと、その上司が学ぶことができてよかったです。このような状況は、世界中で起こっていますよね。女性であるということだけで威圧されるのは、一人の女性の損失だけでなく社会全体を含むみんなの損失です」

「私もそう思います。でも、ゆっくりですがこの状況は変わりつつあり、少しは前進したような気がしています。社会の不均衡を打開したければ、男性も女性もこの前進が続くようにしなければなりません。あなたがおっしゃったように、これは私たちみんながよくなるためのことなのです」

「まったく同感です！」と、サミラーは満面の笑みを浮かべて言いました。「私自身の問題は解決してはいませんが、こうしてあなたとお話ししていると、希望が湧いてくる感じがします！」

「ちょうど私もそのことを考えていました。私たちは世の中の問題を解決しましたが、あなたの個人的な状況には取りかかっていませんね」

二人とも、喜びとともに再び笑い始めました。

「でも、今のあなたには影響力があります。自分自身を表現するチャンスと大声で話す舞台が与えられています。ぜひそれを活用してください！　たった今私たちが話し合ったことすべてをみんなに話してください！」と、サミラーは目を大きく見開いて言いました。

「必ずそうします」私は彼女に約束しました。

「ようやく理解できた気がします。男性とか女性とか、誰かのせいにすることではないんです。そうではなく、私たちみんなが一緒になって、自分たちが作り上げた世界における自分の役割に責任を持つことが必要なのですよね。自分や子供たちのためによりよい、調和のとれた世界を望むなら特に……。たとえ私の夫が変わらなかったり、このように物事を見てくれなかったとしても、私の子供たちが彼らの次の世代にこのような有害な通念を伝える必要はありません。私がこの通念の本質を見抜いたのは、これをストップさせるためなのでしょう。少なくとも私の家族では、私でストップさせます。私の子供に真実を教えるかどうかは、私次第ですから」

「その通りです！」と、私は力を込めて言いました。「この通念を壊すとは、私たちが自分の娘をコントロールして、男性から軽視されたり虐待されたりした時に娘を批判するのではなく、自分の息子たちに女性に対して敬意のある接し方をするように教えることなのです。それに、もしかするとあなたのご主人が、自分の子供たちから学ぶ時が来るかもしれませんよ。そのようなことはよくありますから。遅すぎることなんてありません」

「ぜひそうなってほしいと思います！」と、サミラーは希望を抱いて言いました。

「ところで、私たちの会話を次の本で紹介してもいいですか？」

「もちろんです！　そうしてくださると嬉しいです」

本名を伏せてくれるならということで、サミラーは快諾してくれました。私はそうすると約束し、自分の時計を見て驚きました。思っていたよりもはるかに時間が経っていたのです。サミラーとの時間は、まさに飛ぶように過ぎていきました。

「サミラー、ごめんなさい。急いで戻らないと、ホテルへのバスに乗り遅れちゃうわ」

私が立ち上がると、彼女は「あなたとお話できてとても楽しかったです。本当にすばらしい時間をありがとうございました！」と言いました。

「私もとても楽しい時間を過ごせました。それに、新しい本のヒントをいただいて感謝していま
す！」と私は言い、私たちはしっかりとハグしてから別れました。

サミラーは正面玄関の方へ向かい、私は舞台裏にある著者のラウンジへと歩いていきました。

私はこの時の会話をずっと忘れないでしょう。サミラーと私は、別々に見えるけれど実はつながっているそれぞれの旅を続けながら、お互いのことをたびたび思い出すに違いありません。

今ここで天国を生きるためのヒント

もし「女性は男性よりも弱い」というのが誤った社会通念だとしたら、真実はどのようなものになるでしょうか？

✤可能性のある真実として、次のようなものを考えてみてください。

▼男女のどちらかがより優れているとか劣っているということはありません。それぞれが、完全でバランスのとれた全体を作るのに必要とされる重要な特質を持っています。その全体は個々の総和よりもはるかに大きいだけでなく、私たちが理解しうるよりもはるかにすばらしいものです。

▼スピリットの領域では、私たちには物質的身体がなく、男女の性別もありません。私たちはみんな平等であり、等しく強力な存在です。

▼私たちはこの世でどんな経験をしたいかによって、男性か女性、あるいはトランスジェンダーを選んで物質世界へ生まれてきます。

▼私たちは、（ジェンダー、性別を含めて）自分が誰であるかという真実を知っている状態で、その真実を他人と分かち合いたいという願望を持って生まれてきます。でも、成長するにつれて、私たちはその真実をいとも簡単に忘れてしまいます。そして、社会が容認しているもの、望ま

しいと考えるものにより溶け込みやすくするために、自分のイメージを〝修正する〟よう（自分の光を曇らせるよう）社会から教えられるのです。

✤ヒントとエクササイズ

▼あなたが親であるかどうかにかかわらず、男の子には女の子を敬うことを奨励してください。その逆も然りです。また、男の子に対しても女の子に対しても、自分には力があると感じられるように励ましてあげてください（誰かに脅かされた時には言うべきことをはっきり言うことも、伝えてください）。そして、あなた自身もそのように行動しましょう。

▼前項のようにすることを誓い、最初は小さな一歩でも踏み出すことができれば、あなたは自分のことを社会体制の傍観者や犠牲者ではなく、この問題の解決にとってアクティブで力のある重要な存在であるように感じられるでしょう。

▼もしあなたが女性なら、自分の最も強力な女性的特質（繊細さ、直観力、共感能力、思いやり、

愛情深さなど）のリストを作り、その特質によってどのように世の中に光を与え、価値ある貢献ができるかを考えてみてください。もしあなたが男性なら、一番身近にいる女性の最も強力な女性的特質をリストにして、その特質があなたや他の人たちにどのような贈り物をもたらしてくれたかを考えましょう。

✤自分への質問

▼自分に向けられたものであろうとなかろうと、自分が目撃した性差別や暴力といった行為を見過ごさないというのは、どんな感じがするものだろうか？　また、自分はその問題の解決にどのように貢献できるだろうか？

▼自分でも気づかないうちに、女性は男性よりも劣っているという社会の考えを、わずかであれ受け入れていた可能性はないだろうか？

▼あまり他人の注意を引かないように、あるいは他人に不快感を与えないために隠している、私

の強力な特質は何だろうか？　もしそのような特質を誇りに思い、いつも自由に表していたら、私の人生はどのように変わるだろうか？

✤性別によって自分の価値を決定していないと言えるのは、次のような場合です。

▼（人種や社会経済的レベルと同様に）私の性別、ジェンダー、性的志向に関する人々の意見や信念によって、自らを他人より小さく感じたり、弱く感じたりしていない。

▼男女のどちらか、あるいは特定の性的志向がより望ましいとか優れているとされる社会的な条件づけに甘んじること、それを持続させることを拒否し、自分のところで責任を持って食い止めたいと思っている。

▼自分も創造の一端を担った今の世界に責任を持ち、この不均衡に加担したと他人を責め立てることはしない。むしろ、自分が積極的にバランスの修復を助けることで、他人にもそうする勇気を与えられると知っている。

chapter 10

誤った社会通念⑩――いつもポジティブでなければいけない

「私の息子は三ヶ月前に亡くなりました。なぜこんなにも早く私のもとを去ったのか知りたいのです。彼はたった一人の子供で、私のすべてでした。私はシングルマザーで、彼は私の生きがいだったのです」と、その若い女性は震える声でマイクに向かって話しました。彼女の目には涙がこみ上げていました。「もう二度と会えないなんて耐えられません。そのことに納得がいかないのです。これからどうやって生きていけばいいのでしょうか……」

私はオーストラリアをツアーで回っており、これはブリスベン近郊での講演の終わりに質疑応答をしていた際に受けた質問でした。この時間はたいてい、とても楽しい時間のはずでした。でも、悲しみに打ちひしがれて涙を流す母親が私の答えを待っている時、私には何も言えませんでした。一つも言葉が出てこなかったのです。

彼女の息子さんが大丈夫であることは向こう側の世界を直接に経験した私にはわかっていましたが、そのことを彼女に約束するだけでは十分でなく、それは適切でもないと感じました。その母親の言葉が胸に突き刺さって、私は話すことができなくなってしまいました。その時私にできたのは、彼女の痛みと喪失感を感じることだけだったのです。私はすっぽりと彼女の苦悩に包み込まれていました。

時間は停止し、私は何百人もの人を前にして舞台に立っていることすら忘れていました。彼らは私が慰めと愛の言葉を言うのを待っていました。この深く悲しんでいる母親が自分の悲惨な状況について納得し、喪失感を受け入れられるように、私がどんな知恵の言葉をかけてあげるのだろうと思っていたに違いありません。また、私の答えが、愛する人を失った自分たちの苦悶や解決できない痛みを助けてくれることを望んでもいたのでしょう。彼らは私が向こう側にいたことを知っているので、私が死後も生命は続くと約束するのを待っていたのです。

「あなたの息子さんは死んでいません。彼は形を変えただけです。非二元の状態で今もあなたと一緒にいます」というようなことを私が言うのを、参加者の多くが望んでいたと思います。あるいは、「私たちは死にません。死は幻想であり、息子さんは今幸せで自由です。あなたにも幸せになってもらいたいと思っていますよ」などと言うのを期待していたことでしょう。

こんなふうに期待に沿ったことを言えば、私は聴衆から大喝采を受けたかもしれません。けれど、これらの言葉がすべて正しいと自分の経験から知っていても、その女性の頬をつたう涙を見た時、私の口からそのような言葉は出てきませんでした。ありとあらゆる言葉が私の頭の中でただうつろに響き、すべてが中身のないありきたりの言葉のように感じられました。この状況で〝正しいこと〟を言うのは、相手を見下すことのように思えたのです。向こう側で愛と美を経験したとはいえ、人間の形をしている限り、私はまだ苦しみを感じます。痛みや悲しみも感じます。私はその瞬間、自分がこの女性に対してどう感じるべきかとか、耐えられないほどつらい状況にどう対処すべきかといったことを助言しようとするのは不誠実だと強く感じました。

彼女はたった一人の子供がいなくなって寂しくてたまらないに違いないと私は思いました。息子さんの笑顔、声、肌の感触、髪の毛、笑い声、匂い、ちょっとした仕草などがもうそこにはないことが寂しいのです。おそらくまだ、息子さんの持ち物を捨てることができず、自分の心に空いた穴を埋めるために彼のトレーニングシャツに顔を埋めているのでしょう。愛する人を失った多くの人がその嘆きについて私に語ってくれましたが、彼らはみんな、自分の苦しみを軽くしてくれる慰めの言葉を私に与えてほしいと切に願っていました。

プログラムのことも聴衆のことも、他の何のことも考えずに、私は舞台から降りてその女性の方へと歩いていきながら、彼女にも私の方へ来るようにと手招きをしました。そして、私は彼女の背中へと両腕を回し、強く抱きしめました。その時私は、彼女に一人ではないことを知ってもらうには、身体的に彼女とつながるしかないと思ったのです。

「そんなに心を痛めていらして、本当にお気の毒です……」と、彼女を抱きしめながら私は言いました。「自分の痛みのように感じられます」

彼女が私の肩で泣き出した時、私もまた涙でいっぱいでした。彼女の魂が感じている喪失感や悲嘆のすべてを、私も感じていました。

彼女の苦しみの感情は、息子にもう二度と物質的次元では会えないということだけでなく、それでも生きようとする自分の強い意志からきていました。宇宙の大きな枠組みの中では、もし彼女が悲しみや絶望によって死に至ったとしても、息子とのつながりを取り戻してすべてうまくいくだろうと私にはわかっていました。でもその瞬間、私のまさに人間の部分が、彼女には悲嘆で死んでほしくないと強く思ったのです。そして、どうすることもできない自分の無力さを痛感しました。私の経験から得た知識をもってしても、彼女の悲嘆をその場で癒すようなことは何も言えませんでした。私にできることは、彼女を抱きしめ、思い切り泣かせてあげることだけ――そして、彼女の涙は息子さんへの献身的な愛情の現れだと伝えることだけでした。それを知ることで安心してほしい、心の痛みを感じてもいいのだということを知ってほしいと私は思いました。

一分ほど、あるいは十分くらい経った頃でしょうか――私には時間の感覚がなくなっていました――、抱き合った後に私たちはお互い見つめ合いました。そして、もう何も言う必要はないように感じたので、私はゆっくり舞台へと戻って気持ちを落ち着けようとしました。けれど、なかなかできず、結局は心の中で悪戦苦闘しながら残りの講演を続け、ようやく終わった時にはホッとしたのです。

サイン会を終えてホテルへ戻る途中、ダニーが心配そうな顔で尋ねてきました。「大丈夫かい？あの女性の質問がずいぶんこたえているようだけど……」

「ええ、大丈夫よ。ちょっと疲れただけ、明日の朝には元気になるわ」と、私は答えました。

ハートへの挑戦状

ホテルに戻ると私はすぐに靴を脱ぎ捨てて、お茶をいれるためにやかんに水を注ぎました。それから、肘掛け椅子でリラックスしながら、パソコンでメールのチェックをしました。秘書が、ホームページ経由で数分前に受け取ったというメッセージを転送してくれていました。その長いメッセージは、その日のイベントに参加していたショーナという女性からのものでした。

ショーナは、嘆き悲しむ母親が息子についての質問をした時、私は彼女の息子は大丈夫で、向こう側で生きていると約束すべきだったと書いていました。私は彼女の息子が死んでいないことを知っているはずで、彼が幸せであること、人生とは幻想であること、彼女は息子のためにも幸せになるべきだということを言うべきだったと。ショーナは私が最初の本や講演などで述べた真実について書き連ねていました。臨死体験で真実を知った私が今まで何度も話してきたことを強調する絶好のチャンスだったのに、なぜそれをひと言も話さなかったのか、その理由をショーナは知りたがっていました。

また、現実の状況を前にして私が自分の教えに逆らい、自分が真実だと思っていることに頼るのではなく、苦悩の幻想へと退いてしまったことにとても失望したとも書いてありました。私の役目は人々の士気を高めて希望を与えることなのに、幻想の中で立ち往生している人々と同じレベルになってしまっていると、彼女は主張していたのです。

彼女のメッセージを読んでいるうちに、私の顔は熱くなっていきました。ショーナに怒ったからではなく、他の聴衆も失望させたに違いないと感じて動揺したからです。大局的な見地からの約束がほしかった彼らの期待に、私は応えられませんでした。彼らは励ましやポジティブな何かを与えてくれることを期待していたのに、私は正反対のことをしてしまったのです。

思考は現実を生み出すのか？

その夜、私はその日のイベントのことを振り返りながら、眠れずに何度も寝返りをうっていました。そして、もし私が聴衆を失望させたのであれば、彼らが本当の私でないものを見ているということかもしれないと考え始めました。私はアバター（神の化身）やグルになろうとしたことは一度もなく、いつもポジティブでなければならないというメッセージを伝えたこともありません。私は実際、そのように考えることこそ本当の自分が輝くのを邪魔しているのだと教えてきました。いつもポジティブでなければならないと信じることは、「ありのままの自分では十分でないから、ポジティブなうわべで本当の自分を隠さなければならない」というメッセージを自分自身に送っていることになるのです。

だんだん頭が混乱してきた私は、次のように自問し始めました。「これらのメッセージを人々に伝えることをやめたら、私はどんな人間になるのだろうか？　私は本当はどんな人間なのだろうか？　もし人々を失望させたら、私はどんな人間になるのだろう？　それでもこの世にとって価値のある人間だろうか？」

他人を失望させることへの恐れは、私たちが自分自身や自分にとっての真実を見失ってしまう理由の一つです。私たちは、ありのままの自分でいるよりも他人の期待に応えようとするのです。その瞬間私は、たとえすべての人を失望させようと、自分は昔のような相手のなすがままになる人間には決して戻らないとわかりました。かつての私は、自分に与えるものがなくなっても人に与え続け、しまいに疲れ果てて、癌になってしまったのです。

私の心はその当時に戻り、病気が進行するにつれて癌細胞にリンパ組織が侵略されていく恐ろしさを思い起こしました。また、スピリチュアルの書物をたくさん読み、自己改善のコースを完了したような〝善意の人たち〟から、「あなたの思考が現実を生み出すのです。つまり、あなたは自分の思考によって癌を生み出したということです。だから、自分の思考には注意したほうがいいですよ!」と言われたことを思い出しました。

最初、私は引き寄せの法則についてありとあらゆることを調べました。私の身体を痛めつける獣に打ち勝ちたかったからです。私はどのようにして自分が癌を引き寄せてしまったのか知りたいと思いました。そして、ネガティブな思考をするたびにそれを芽のうちに摘み取り、心の奥に隠しました。それでも思考は再び現れてきて、癌は広がり続けていったのです。

私は、それを自分の熱心さが足りないせいだと考え、もっと一生懸命に努力してネガティブな思考を減らそうとしました。ビジョン・ボードを作って雑誌などから切り取った写真を貼り、何度も何度もポジティブな結果をイメージしました。癌や死といった怖い思考が心に浮かぶたび、この思考によってさらに病気が進行すると信じていたがために一層恐ろしさが増します。ですから、無理やりそれについて考えないようにしていたのです。

「なぜ私はまだネガティブでいてポジティブな思考をしているのだろうか？　一生懸命にコントロールして、いつもポジティブでいてポジティブな現実を生み出そうとしているのに、なぜうまくいかないのだろうか？　なぜ癌はまだ進行しているのだろうか？」と、私は怒りを感じながら自問しました。

その当時、私はものすごい恐れやフラストレーションを感じており、さらに、善意の人たちとの会話が一層気分を落ち込ませていました。私は「自分の学びが足りないから癌が進行する」と本当に信じていて、私の信念が十分に強くないせい、思考が十分にポジティブではないせい、あるいはその両方のせいだと確信していたのです。

人間であることを十分に経験する

翌朝目覚めた時、まだ疲れているような感じがしました。それは前日のイベントと、よく眠れなかったことの両方が原因でした。眠りについたのがとても遅かったために私は寝過ごしてしまい、すでにシャワーを浴びたダニーがあちこち動き回っている音が聞こえた時、空港へ向かうので急がなければならないことを思い出しました。

その朝は自分がひどいものぐさに感じられ、さらに前日のイベントのことがまだ頭から離れずにいました。そして、どんなにたくさんの本を読もうと、どれほど深いスピリチュアルな経験をしようと、いかに自分が目覚めていると思おうと、自分のセミナーにどんなに多くの人が来ていようと、私たちには人間の苦しみを完全に和らげることはできないのだという思いがふと心に浮かびました。

私はスピリチュアルに目覚めることが重要ではないと言っているのではありません。すべての人やものとのつながりに気づけば気づくほど、他人（家族や友人やコミュニティの人など）を傷つけたり、自分の環境や惑星に損害を与えたりすることが少なくなるのも確かでしょう。でも、深い痛みは深い愛情と同じ硬貨の裏側にすぎません。人間としての経験の重要な部分は、私たちの愛する人が亡くなった時、痛みや傷を感じることなのです。向こう側で経験したすばらしさをどんなに説明しようと――大きな枠組みの中ではすべてが完璧であることをどんなに約束しようと――、私たちがこの世にいる限り、痛みや恥、失望や恐れ、苦悩などは現実として存在するのだということを、どうやって私は人々に説明できるのでしょうか？

痛みを感じることをゆるす

生命は永遠であるとどんなに信じていたとしても、妻を失ったばかりの夫や子供をなくした親の苦悶が少なくなることはありません。津波や地震、学校での銃乱射事件などで家族を失うというトラウマを経験した人は、間違いなく悲嘆や苦悶を味わうはずです。また、重病や末期の病で苦しむ家族のお世話をする人たちは、苦悩や喪失や悲痛を感じることでしょう。

インドの貧しい物乞いの子供が苦しむ飢えは現実なのです。幼い少女は両腕に弟を抱きかかえながら、訴えるような大きな目で私を見つめ、私が通り過ぎようとした時にその小さな手を差し出しました。この世界は幻想であり、大きな枠組みにおいては完璧であること、すべては二元性を構成している陰と陽、ネガティブとポジティブのうちであることを小さな女の子に納得させたところで、彼女や弟の飢えがなくなることはありません。

ですから、本当に傷ついている人と対面し、自分の状況がこんなにつらいのはなぜなのかと問われる時、私は身の引き裂かれるような思いがします。大きなタペストリーという観点から眺めてなぜ痛みが存在するのかという私の見解を述べることと、彼らが感じている痛みを認めて尊重し、何の判断もせずにそのまま感じることの間で苦しくなるのです。

最近広く信じられるようになった「ポジティブな態度がポジティブな現実を生み出す」という考えのせいで、痛みや苦悶を経験している人たちは自分の苦しみ以上のもの——すなわち、私たちは常に前向きでいるべきだと主張する周囲の人たち——にも対処しなければならなくなりました。痛みや喪失と向き合っている時につらい感情を抱くのは当然のことなのですが、私たちの社会の大部分はそれを不快に感じています。〝目覚めた考え方〟とされる思考方法に従えば、人間としての本当の経験は妨げられてしまうでしょう。「もし痛みを感じるとしたら、何かしら失敗している」と信じるように導かれるからです。

楽観的に考えることや希望を持つことは確かに役に立ちますが、人生の大災難が避けられないような時、前向きでいる必要があるという信念はさらに大きな重荷を加えるだけです。そこで私たちは、「スピリチュアリティの欠如のせいで自分に災難が降りかかった」と痛みを恥じてしまいがちです。同じように、私たちは他人が苦しんでいる時に、その痛みを表現するスペースを尊重せずに、ありきたりの決まり文句や忠告を提供してしまうことがよくあります。ポジティブ思考やアファメーションは様々な点において価値のあるものですが、それがまったく役立たない場合もあるのです。それはバンドエイドのように、単に傷を覆って見えなくしてしまいかねません。

痛みから抜け出る一番いい方法は、それを十分に経験することだと私は学びました。つまり、まず痛みがあることを認め、それから受け入れるということです。痛みの存在を承認して、それを心から感じることを自分にゆるす――そう、痛みを自分のものにするのです。

痛みは、必ず贈り物を伴います。何にも増して、痛みは喪失感や悲嘆、苦悩を経験している人たちをもっと理解したいという共感を、私たちに与えてくれます。これらの経験は、私たちをもっと人間らしくし、もっと神に近づけてくれることでしょう。

ただありのままの自分でいること

前の晩、私は寝返りをうちながら、臨死体験中に学んだいくつかの学びを思い出していました。その一つは、「自分のネガティブ思考が癌を引き起こしたのではない」ということです。そうではなく、私の自己愛の欠如がその原因でした。私にとって、その学びは純金と同じぐらい価値のあるものであり、痛みの反対側に抜け出た時にようやくやってきたものでした。確かに、かつて私は痛みを経験するという選択をしていませんでした。いつもできる限り痛みに抵抗して、ポジティブな姿勢をとりながら蓋をしていたのです。でも、もはや抵抗することができなくなった時、その贈り物がやってきました。

癌になる前、私は他人に好かれたいという思いからいつも微笑みを絶やさず、前向きでいようとしていました。ネガティブな考えが浮かべばすぐに押しつぶし、自分が恐れていることは決して知られまいとしていたのです。ですから、癌になった時、いつもポジティブでいたはずの自分にどうしてそんなことが起こったのか、まったく理解できませんでした。そして、自分の思考が癌を生み出したに違いないと信じ、自分の思考を恐れるようになりました。さらには、思考を恐れていることすら恐れるようになりました。私は終わりのない恐れの渦の中で溺れてしまっていたのです。

ところが、臨死体験中、大切なのはポジティブでいることではなくありのままの自分自身でいることだとわかりました。ネガティブな思考をすべて取り去る必要はなかったのです。そして、他人が望む私でいることではなく、ただありのままの自分を愛することだけが必要でした。その真実さえ知っていたなら、私は決して自分の思考を恐れはしなかったでしょう。なぜなら、自分の思考はありのままの自分の一部であると理解していたはずだからです。自分のネガティブな感情を否定し、ネガティビティが悪いと信じることは、自分の問題を悪化させるだけなのです。

自分のハートに従う

メールを読んだ翌朝、私はだるさと重苦しさを感じ、再び他人が望むような自分になろうとする誘惑に駆られていました。そんな時、ダニーがすぐにホテルをチェックアウトしなければならないことを思い出させてくれました。私は身づくろいを始め、最後に残っていたバッグに私物を詰めました。そしてロビーに降りていくと、向こう側から私の名前を呼ぶ声が聞こえ、金髪の女性が私の方へ歩いてきたのです。アリアナは自己紹介をしてから、「昨日のイベントに参加しましたが、とても楽しくて、たくさんのことを学べました」と言いました。

「ご参加くださり、ありがとうございました」私はそう答えながら、彼女がワークショップを楽しんだと聞いて嬉しかっただけでなく、少しホッとしました。

「もしよければ、一つ質問があるのですが……」

「かまいませんよ。どんな質問ですか？」

「実は、あなたと同じようなことがしたいのです。ワークショップをして、人々にお話をしながらインスピレーションを与えたいと思っています。そこで、人々にインスピレーションを与えるための一番いい方法についてアドバイスをいただけませんか？」

このような質問にどう答えればいいのかを考えることはめったになく、私はいつも最初に頭に浮かんだことを言うようにしています。それが人々の聞く必要のあることのように思えるからで、今回も例外ではありませんでした。

「他の人にインスピレーションを与えたいとは思わないほうがいいかもしれません。そうではなく、自分のハートに従ってください。自分がインスピレーションを感じたことを、何でもやってみるのです。そして、自分が学んだことをみんなと共有してください。聴衆ではなく、自分自身に注意を向けたほうがいいと思います。あなたがインスピレーションを感じ、人生に情熱を持ち続けている限り、自分の真実についてハートから話をするだけで十分です」

「では、人々にインスピレーションを与えて励まそうと努力しなくていいということですか？ただ自分にインスピレーションを与え、自分が信じるもの、情熱を感じられるものを見つけて、それについてハートから話せばいいのですか？」

「その通りです。他人を励まそうとしたり、他人が聞きたいと思うことを話そうとしたり、他人が望むような人物になろうとすれば、私たちは本当の自分ではなくなってしまい、ハートからではなく頭で生きるようになるでしょう。ハートから生きていると、メッセージは私たちからではなく、私たちを通してやってくるようになります。

私の教えで一番大切なことは、何よりも本物の自分でいることです。ですから、もし私が聴衆が望んでいるものを与えようとすれば、自分が教えたいことと正反対のことをすることになってしまいます。これは矛盾しています！　意味がおわかりですか？」

「ええ、はっきりと！　お時間をありがとうございました」と、アリアナは言いました。

私は彼女の返事をほとんど聞いていませんでした。なぜなら、突然、彼女に向けて話した言葉が自分のためのものだったと気づいたからです。それは、まさに自分自身に聞かせる必要のある言葉でした。この短くも強力な経験のおかげで私はとても気持ちが軽くなり、急にエネルギーが湧いてきました。そういったわけで、アリアナがハグしてくれた時も、ダニーが私を連れにきて空港へと向かう車に急いだ時も、私はほとんど上の空の状態でした。

その朝に感じていた緊張や抑圧は、すっかり消えてしまいました。私はもっと自由で活気にあふれ、くつろいだ感覚になりました。そう、私はわかったのです。メールのことについても、それ以外のどんなことについても、心配する必要などないのだと！　前日私が嘆き悲しむ母親に対してしたことは、正しいことでした。なぜなら、自分のハートで感じたことに従ったからです。これが私のメッセージの一番大切な点――ありのままの自分でいることなのです。

その晩、家に着いてからメールをチェックすると、息子さんを亡くしたあの美しい女性からメッセージが届いていました。彼女は自分の感情を感じる余地を与えてもらえたことに感謝していました。そして、私が彼女の嘆きを批判せず、ありきたりの言葉やアドバイスで彼女の痛みをごまかそうとしなかったことが何よりも嬉しかったと書かれていたのです。彼女の言葉に、私は心の底から笑みを浮かべました。

このような経験は、自己啓発やスピリチュアルの分野での著者、講演者であることの難しさを思い出させてくれます。私たちは、聴衆の前で〝よい部分〟だけを見せたり、〝専門知識が豊富なスピリチュアルの権威者〟として振る舞おうとする罠に陥りがちです。そうなると、他人を喜ばせようとしたり好印象を与えようとする中で、自分自身を完全に見失ってしまうでしょう。

私は引き寄せの法則を拒絶しているわけでも、ポジティブな思考や態度が役に立たないと言っているわけでもありません。私が言いたいのは、私たちは自分の思考や態度によってだけでなく、ありのままの自分でいることによっても、多くの出来事や状況を引き寄せているということです。私たちは、それがポジティブなものであれネガティブなものであれ、本当に自分にふさわしいもの、その時に自分が本当に必要としているものを引き寄せているのです。

私たちが自分自身を愛し、評価すればするほど、そして、より喜びから生きる選択をして自分に価値があると感じれば感じるほど、私たちの人生はこれらの感情を反映したものになっていきます。このことは、ただポジティブであろうと努力するよりもはるかに健全な、楽観的な状態へと導いてくれるでしょう。

この状態へと到達するには、特定の感じ方や考え方をするのはやめて、何の判断もせずに自分のすべての感情を受け入れなければなりません。その感情の中には失望やフラストレーション、痛みや悲しみ、嘆きのようなものも含まれます。私たちは、自分自身のこのような側面をすべて受け入れる必要があります。なぜなら、それこそが私たちの最も人間らしい部分だからです。

今ここで天国を生きるためのヒント

もし「いつもポジティブでなければいけない」というのが誤った社会通念だとしたら、真実はどんなものになるでしょうか？

✤可能性のある真実として、次のようなものを考えてみてください。

▼私たちはネガティブな思考を持つことをコントロールできないため、それを追い払おうとして

も消し去ることはできません。せいぜい一時的に隠せるだけです。

▼痛みや怒り、悲しみやフラストレーション、恐れなどを感じても大丈夫です。それは、私たちが人間であるということの自然な一部です。

▼いわゆるネガティブな感情を経験することが、失敗したとか十分にスピリチュアルではないということを意味するわけではありません。

▼痛みを受け入れると、その贈り物を目にするチャンスが与えられます。その贈り物は、私たちが痛みの反対側へと到達した時に現れるでしょう。

▼ネガティブな思考が私たちを病気にするのではありません。ありのままの自分を愛さないことのほうが、私たちの健康にはるかに大きな影響を及ぼします。

▼自分を愛すると、楽観的でいることが容易になります。楽観主義はポジティブでいようとすることよりもはるかに強力です。というのは、それが自分への愛というより深い場所から生まれ

るものだからです。

▼私たちは、自分の思考や態度によってだけでなく、本当の自分とはどんな人間か、それをどれくらい受け入れて表現しているかによって、人生の出来事や状況を引き寄せています。

✤ヒントとエクササイズ

▼ネガティブな思考を持つとは、あなたがネガティブな人間であるとか、それによって自分に害を及ぼしているという意味ではありません。それは、あなたが人間であるという意味です。

▼恐れやネガティビティを感じても、自分の感情と闘ったり、その感情を抱いたことを責めたりしないでください。それらの感情をそのまま認めて、十分に感じるようにしましょう。そうすれば、動きが取れなくなってしまうことなく、その感情を通り抜けることができるはずです。

▼自分を愛し、自分は喜びにふさわしいと感じることを学んでください。そうすれば、無理やり

にではなく自然に喜びを感じられるようになるでしょう。

▼もし喜びを見つけるのが難しいようなら、あなたが今いるところを受け入れることから始めてください。それができたら、現在の状況の中に安らぎを見つけましょう。安らぎの状態から感謝の場所に踏み入ることは容易であり、感謝から喜びへはもっと簡単に到達できます。喜びとは、今この瞬間の自分の生活に心から感謝することによって生まれるのです。

▼過去のつらい経験を振り返りながら、大小にかかわらずその経験から得たものを明らかにしましょう。これらの贈り物に感謝してください。

▼人が自分の感じるままに感じること、自分自身の経験に対して何の判断もせず思いやりの気持ちを抱くことをゆるしましょう。

✤自分への質問

▼私はハートから自分のありのままの真実を表現しているだろうか？　それとも、他人に合わせるため、あるいは他人を喜ばせるためにどうあるべきか、頭で計算しようとしているだろうか？

▼ネガティブな感情を経験しても安全と感じているだろうか？　もしそうでなければ、安心して本当の自分を表現するために、私は何をする必要があるだろうか？

▼自分の思考や行動を批判している時、その批判の背後にあるのはどんな恐れだろうか？　批判を手放したら、どんな感じがするだろうか？

▼自分が二元性の幻想に巻き込まれることを恐れずに、他人の痛みを尊重し、彼らがありのままの自分になることをゆるせるだろうか？

✤思考や感情のすべてを含めて「ありのままの自分を受け入れている」と言えるのは、次のような場合です。

▼ネガティブな思考を追いやろうとせず、それが現れるたびにそれを認めて十分に感じるようにしている。

▼他人が私の思考や感情に対して何を望むかは気にせず、ありのままの自分の一部であるすべての感情を、何の判断もせずに愛して受け入れている。

▼喜びと情熱を最も感じさせてくれるものとつながることによって、本当の自分を表現できる。

あとがき

この本の最終章を書いていた時、私は親友であるウエイン・ダイアーが亡くなったというショッキングなニュースを受け取りました。

このニュースが届く少し前、数人の親しい友人がカリフォルニアの新居へランチにやってきました。友人のジェニファー・マクレーンは、オレンジ色の大きなバラの花束を抱えていました。

「オレンジ色って一体何のこと?」と、腕いっぱいの花束を私に手渡しながら彼女は尋ねました。

「どういう意味?」私は笑みを浮かべながら興味津々でそう言い、喜んでその贈り物を受け取りました。そして鮮やかな色合いをほめ称え、甘い香りに魅了されました。それは、驚くほど美しい花束だったのです。

「花屋さんで、私は赤いバラを買おうとしたの。でも頭の中で、『オレンジ色のバラを買いなさい、オレンジ色のバラを買いなさい!』という声が止まらなかったのよ。あなたには、向こう側の世界にオレンジ色のバラを買わせようとする友人がいるようね」と、ジェニファーは言いました。

「オレンジ色は私の大好きな色なの。でも、向こう側の誰がそのことをあなたに伝えていたのかしら?」

私はそう言ってから、もしかすると親しい人が亡くなって、私にメッセージを送ろうとしているのかもしれないと気になりました。でもすぐに料理の仕上げに忙しくなり、そんな懸念は忘れてしまったのです。

少し経って、みんなで食事を楽しんでいた時、私の携帯電話が鳴りました。過去三十八年間ウエイン・ダイアーのマネージャーをしていて彼の右腕でもある、マヤ・ラボスからの電話でした。彼女はいつもウエインの旅行に同行しており、ここ何年か私は彼と一緒に講演をしていたため、マヤとも非常に仲良くなっていたのです。

「こんにちはマヤ、変わりはない?」と、私は陽気に尋ねました。

「ウエインが……」マヤの涙声が聞こえてきました。もう何が起きたのか明白でした。「今朝、眠ったまま亡くなっていたの……」

その言葉を聞いて、私は胸が締めつけられる感じがしました。それが本当だとは信じられませんでした。「ウエイン・ダイアーが亡くなるなんて、そんなことはありえない!」そう思いました。わずか一週間前、私は彼と一緒にオーストラリアで講演旅行をしたばかりだったのです。彼はいつものように、元気にあふれていました。

でも私は、ついさっきの「誰かが亡くなったかもしれない」という第六感を思い出し、その虫の知らせが本当だったのだと理解しました。ウエインは、オレンジ色が私の大好きな色だと知っていました。私の財布も携帯ケースもみんなオレンジ色だったので、どれほどオレンジ色が好きなのかと楽屋でよくからかわれたものでした。そして、彼もオレンジ色のもの——果物のオレンジをいつも持っていました。彼はオレンジをたとえに使って自分の教えを説明していたので、舞台にオレンジを持っていっていたのです。ウエインがオレンジを持たずに舞台へ上がることはめったになく、彼は要点を説明し終えると、そのオレンジを聴衆に向かって放り投げていました。

実際オレンジについての教えが、彼のフェイスブックへの最後の投稿でした。「オレンジを絞ると、いつもオレンジジュースが出てくるでしょう。中にあるものが出てくるわけです。同じ理論があなたにも適用できます。誰かがあなたを絞った時、つまり、あなたにプレッシャーをかけたり批判的なことを言ったりした時、あなたの中から怒りや嫌悪感、苦々しさや緊張、憂鬱や不安が出てきたら、それがあなたの内部にあるものということです。もしあなたが愛や喜びを与えたい、受け取りたいと思っているなら、自分の内側にあるものを変えることによってあなたの人生を変えてください」

友人のジェニファーにオレンジ色のバラを購入するように言ったのは、自分は大丈夫だと伝えるウエイン流のやり方だと私にはわかりました。そして、ウエインは今いるところですばらしい時間を過ごしているはずだと、私は他の誰よりもわかっていました。きっと彼は、純粋な喜びの中で笑いながらダンスし、圧倒されるほどの無条件の愛を感じ、痛みや期待からも自由になり、好きなだけ拡大や超越を楽しんでいることでしょう。そうとは知っていましたが、それでも私は愕然とし、悲しみに包まれていました。

ウエインは私の先生であり、メンターであり、著者や講演者としてのキャリアにおいて私の一番の応援者でした。もし彼がインターネット上の私の手記を発見せず、ヘイハウスに私を見つけ出すように言うこともなく、私の経験を本にするよう勧めてくれることがなかったなら、今日のように著者として世界中を旅したり、舞台で自分の考えを話したり、自分の人生がハリウッドで映画化されるようなことなどなかったでしょう。

ヘイハウスのイベントで一緒に旅している最中、ウエインと私はしばしば死後の世界や身体を離れた時に起こる拡張について話し合いました。今彼自身がそのことを体験しているのだと思うと、微笑まざるをえません。

ウエインは、いつも情熱的な先生でした。彼がこの地球上にやってきたのは、まさに教えるためでした。身体がなくなったとしても、彼が教えることをやめるとは思えません。それどころか、一度にもっと多くの人に会えるのですから、ますます情熱的になっているはずです！　おそらく、物質的領域で達成したいと願っていたよりもはるかに壮大なスケールで教えていることでしょう。永久にいなくなるどころか、彼を愛する何百万人もの人にもっと簡単にアクセスできる今、すべての人たちの前に驚くような創造的方法で現れることができることに、大満足しているに違いありません。もはや物質的なことに制限されず、ウエインはここにも、そこにも――そう、あらゆるところに存在できるのです！

ある日、誰もがこの物質的次元を超えて、死後の無限の領域へと移行することでしょう。多くの人が死後の世界を恐れていますが、向こう側の世界へ渡ることはとても簡単です。死後の世界について恐れるものは何もないと、私がお約束します。むしろ本当のチャレンジは、この物質的次元で、拡大と自由、愛と喜びの人生を生きることなのです。

ですから、私の最大のメッセージは（私自身の臨死体験およびウエインという親友の人生や教えに触発されたものですが）、創造性を発揮する練習だと思いながら自分の人生を生きてほしいということです。すべての発見、すべての芸術的な探求が、人生という宇宙のタペストリーにおいて重要なのだと考えてください。なぜなら、それが真実だからです。自分のハートに従って、宇宙が用意してくれた色とりどりの糸を織り上げ、あなたの人生を最高傑作にしてください。あなたは自分の創造力のすばらしさに驚くことでしょう。美しい音楽を聴いたり奏でたりしている時、私たちの目的はその曲の最後に到達することではありません。大切なのは、その音楽がもたらす美しく喜びにあふれた旋律の旅を楽しむことです。どうか一番最初の音色から、それに続くすべての音色を楽しんでください。ウエインがいつも言っていたように、「あなたの音楽を奏でることなく死んではいけません！」

正しいことをしていないとか、十分ではないということを恐れないでください。そのような恐れにはまったく根拠がありません。人生は、うまくやり遂げたり、大きな問題への答えを解明したり、立派な本をたくさん読んだり、正しい道を歩いたり、マスターとともに勉強したりするためのものではありません。また、深いスピリチュアルな経験をしたかどうか、変性意識状態に達したかどうか、スピリチュアルなグルになったかどうかということが大切なわけでもありません。ましてや、一度死んで、その経験を共有するためにこの世に戻ってくることが重要なわけではありません。私を信じてください。

唯一重要なのは、ありのままの自分でいることをゆるすことです。とてもシンプルです！　ただ自分自身でいればいいのです。どうか本当の自分でいてください。本来の姿である愛の存在でいてください。できるだけ明るくあなたの光を輝かせてください。そうしながら、思い切り楽しむことを忘れないでください！

ウエインは今や、彼の人生や教えに触れた何百万という人々の人生の見事な芸術性を、完璧に理解していることでしょう。友よ、私たちの人生にやってきてくれ、あなたの美や智恵やユーモアを分かち合ってくれたことに心から感謝します。そして、オレンジ色のバラをありがとう。

ナマステ

謝辞

私にとって、この謝辞は本書で一番大切な部分の一つです。なぜなら、私の旅に欠かせない人たち、直接的あるいは間接的にこの本を生み出すことに関わってくれたすべての人たちに対して、感謝の気持ちを伝える場所だからです。

まず最初に、親友でありソウル・ブラザーでもあるリオ・クルスにお礼を言いたいと思います。自分のメッセージを伝えるようにといつも励ましてくれたことにどれほど感謝しているか、それを十分に表せる言葉は見つかりません。いろいろな意味で、あなたは私のこれまでの旅における重要な存在でした。人々が私の話に疑いを投げかけた時も、あなたの揺るぎない信念が私を支えてくれました。いつも私を応援し、よき相談者でいてくれてありがとう。あなたのおかげで、私の話に耳を傾ける準備のできていなかった世の中にいながらも、なんとか正気を保っていられました。本当にありがとう。心から愛しています。

私の信頼できる親友マヤ・ラボスにもお礼を言いたいと思います。講演のツアー中、ずっと家族代わりになってくれてありがとう。大勢の前で話すことに関してはもちろんのこと、あらゆる事柄であなたをとても頼りにしています。ツアー中にはいいことも悪いこともありますが、ずっと私のそばにいてくれ、私の悪友かつ楽しい旅仲間でいてくれてありがとう。そして、私たちの親友ウエイン・ダイアーが亡くなった時、私を支え慰めてくれたことに感謝します。

素晴らしい編集者のケイティ・クーンツにも感謝します。あなたのおかげで何の苦労もなくこの仕事を成し遂げられました。まるで天使のように、私が言おうとしていることを的確に理解してくれたことにとても感謝しています。

ヘイハウス出版のパティ・ギフトにもお礼を言います。あなたと働くことは楽しみそのものです。私の作品に興味を持ってくれ、惜しみないサポートを提供してくれることに感謝するとともに、それをとても光栄に思っています。本当にありがとう。

親友であるジェイソン・ガーナーと奥様のクリスティにもお礼を言いたいと思います。二人は、ダニーと私がアメリカと香港を行き来していた時、私たちに彼らの自宅を提供してくれました。その温かなホスピタリティだけでなく、暖炉の前でのワクワクするようなおしゃべりにも感謝しています。またそんな時間を持てるのを楽しみにしています。

私を支えてくれる素晴らしいチームにもお礼を言いたいと思います。彼らはまさに天使たちで、私の仕事がスムーズに進むようにいつも舞台裏で一生懸命に働き、それぞれが自分の責任以上のことをやり遂げてくれています。最初に、素晴らしいアシスタントであるロズ・ブルックスとミレーナ・ジョイ・モリスにお礼を言います。さらに、リタ・パペ、テッド・スリップチンスキー、キャシー・ブリン、ロレート・トレス、タミー・ホームズ・ショート、アンジェリカ・ファアレル、サンドラ・ジー、ラヴィンダー・バシ、リック・バー、リチャード・マシン、サンディ・シュライバーにも感謝します。私の仕事がうまく回り続けているのは、あなた方一人ひとりのおかげです。

親友であるレヌー・マラニにも感謝します。あなたの笑い声とウィットに富んだ話のおかげで、自宅へ戻るのが楽しみでなりません。〝悟り〟にはユーモア、楽しみ、チョコレートによって到達しうることを、私と一緒に証明しようとしてくれてありがとう！　あなたを愛しています。

素晴らしい家族にも感謝を捧げます。私にとってかけがえのない存在である兄のアヌープ、彼の家族のモナとシャーン、いつも変わることのない無条件の愛を注いでくれる愛する母に感謝します。すばらしい義父にもお礼を言います。彼のサポートは私にとって、とても大切なものです。そして、私の愛する夫ダニーにお礼を言いたいと思います。時間と空間からなるこの現実世界をあなたと一緒に経験できるのは、この上ない喜びです。この人生であなたと出会えて本当に幸せです。あなたを永遠に愛しています。あなたがいてくれるおかげで、私はこの使命に取り組むことができ、あなたという風を受けて翼を羽ばたかせることができるのです。

親愛なるウエイン・ダイアーへ感謝を述べずに、この謝辞を終えることはできません。あなたに対してどれほど感謝しているか、言葉では言い尽くせません。私の経験を大勢の人たちに伝えるチャンスを与えてくれたことに、深く感謝しています。あなたと巡り合わせてくれた神の介入がなければ、おそらく現在の私は存在せず、この本も生まれていなかったことでしょう。私が自分の使命に気づく前から私のかがり火となり、私にとって最も完璧な道へと導いてくれたことに感謝します。あなたには今でも私の声が聞こえていること、あなたが向こうの世界から私を導き続けていてくれることを、私は知っています。あなたを心から愛しています。

最後になりますが、この本を手にしてくれている皆さんに、私の最初の本を読んで手紙をくださった一人ひとりの方々に、お礼を言いたいと思います。あなた方のサポート、手紙、そして愛に感謝します。あなた方がいなければ、私は今日の仕事をしていなかったでしょう。皆さんのおかげで、また新しい本を生み出すことができそうです！

訳者あとがき

二〇一三年にアニータの処女作『喜びから人生を生きる！』が出版されて以来、いつ次作が出るのだろうかと待ちわびていたのは私だけではないでしょう。あれから三年の年月を経て、日本の読者の皆さまにこの本をお届けできるのは、私にとって大きな喜びです。

前作『喜びから人生を生きる！』は、二〇〇六年に末期癌で死の淵にあった時、アニータが経験した臨死体験についての本でした。昏睡状態にありながら、彼女は大きな愛に包まれ、驚くべき気づきを得ていたのです。それは、「自分が癌になったのは、ありのままの自分を愛せず、いつも恐れを感じて生きていたからだ」ということでした。

それまで彼女は、社会的あるいは文化的な期待や要求に応えようと努力し続け、「自分は十分ではない、愛されるに値しない」と自分自身につらく当たってばかりいたのです。けれど、死を経験した時、身体や知性とともにあらゆる思い込みが消えてしまい、はじめて自分のすばらしい本質に出会えました。それは小さな存在どころか、宇宙全体に影響を与えるほど大きく崇高な存在だったのです。そして、「ありのままの自分のすばらしさを知り、喜びながら生きることが人生の目的である」というメッセージを伝えるために、彼女はこの世に戻ってきました。

私たちが本当の自分を生きることの邪魔となっているのが、成長過程で受け入れてきた社会通念です。この本では、これまで自分が「正しい」と思っていた社会通念の問い直しをしています。社会や両親から教えられ、ずっと信じてきたことに対して、「もしそれが本当でなかったら？」と問うのです。自分が真実だと思っていたことの嘘を暴いていくというのは、怖さを感じるかもしれません。というのも、長い間、それを信じることで自分というストーリーを作り上げてきたからです。けれど、それこそアニータが死の扉を超えた時に捨て去ったものであり、そうすることで自分というものがなくなるどころか、彼女のすばらしい本質が輝き始めたのです。

本書では、アニータ自身が大きな影響を受けた10の社会通念を選んでいます。そのリストを眺めても、自分とはあまり関係がないように思えるかもしれません。実は、私自身がそうでした。けれど、読み進めるにつれて、これまでの自分の経験といかにシンクロしているかと驚くばかりでした。たとえば、アニータが漢方医のところへ行こうと友人から誘われ、自分の直観を信頼することを忘れそうになってしまうお話、あるいは、一人息子をなくして涙する母親を前にして、「死は存在しない」という真実を説くのではなく、ただ母親の悲しみに寄り添おうとしたお話、などです。そして、自分の心に従った行為だったにもかかわらず、多くの観客の期待を裏切ったのではないかと思い悩むアニータの姿には深く共感しました。そこに、スピリチュアル・ティーチャーとしてではなく、この世に生きる同じ一人の人間として自分の経験を分かち合いたいという彼女の思いが強く感じられたのです。アニータやこの本に登場する人たちの真の思い、ありのままの姿に触れたことは、どんなスピリチュアルの教えよりも私に大きな安らぎを与えてくれました。それは「私は一人ではない。悩み苦しみ、悲しみに暮れているのは自分だけではない。私たちはみんな同じなのだ」という気づきを与えてくれ、今ここで一生懸命生きている自分に愛おしさがこみ上げてきました。

アニータが来日した時を含めて、これまで三回お会いする機会に恵まれました。彼女のように、ステージの上にいてもステージを降りた後でも変わらない人物は、見たことがありません。YouTubeの動画に映るアニータが、いつもそこにいるのです。著者に会う時ものすごく緊張する私ですが、彼女の前では驚くほどリラックスしてしまいます。それはきっと、彼女がありのままの自分でいてくれるから、本当の自分でいてくれるからなのでしょう。

最後になりますが、ナチュラルスピリット社の今井社長、編集者の光田和子さんにお礼を申し上げます。そして、この本の出版を支えてくださったすべての方々との出会いとつながりに深く感謝いたします。

二〇一六年十月

奥野　節子

❖ 著者紹介

アニータ・ムアジャーニ *Anita Moorjani*

シンガポールでインド人の両親のもとに生まれる。2歳の時に香港に移り、長年香港で暮らす。２００２年４月に癌の宣告を受けるまでは企業で働いていたが、２００６年の初めに起こった臨死体験が人生を大きく変える。

４年に及ぶ壮絶な癌との闘いから臨死体験をするまでの話が書かれた著書『喜びから人生を生きる！』（原題『Dying to Be Me』）は４５カ国以上の言語に訳され、世界中で１００万部以上の売り上げとなる。２０１５年２月には、ハリウッドの映画プロデューサーのリドリー・スコットが同書籍を映画化する権利を取得。

現在は夫のダニーとともにアメリカで暮らし、「向こう側の世界」で得た深い洞察を、世界中を旅しながら人々と分かち合っている。

ホームページ ▶ http://anitamoorjani.com/

❖ 訳者紹介

奥野 節子 *Setsuko Okuno*

北海道生まれ。高校の英語教師を経て、ジョージ・ワシントン大学大学院修了。訳書に『エンジェル・ガイダンス』（ダイヤモンド社）、『天国の愛する人を想うあなたへ』『天使があなたに伝えたい１０のこと』（JMA・アソシエイツ）、『喜びから人生を生きる！』『自分を愛せなくなってしまった人へ』（ナチュラルスピリット）、その他多数がある。

もしここが天国だったら？

〜 あなたを制限する信念から自由になり、本当の自分を生きる 〜

●

2016 年 11 月 11 日　初版発行
2022 年 10 月 10 日　第 5 刷発行

著者／アニータ・ムアジャーニ
訳者／奥野節子

装幀／斉藤よしのぶ
編集・DTP ／光田和子

発行者／今井博揮
発行所／株式会社ナチュラルスピリット
〒101-0051 東京都千代田区神田神保町 3-2 高橋ビル 2 階
TEL 03-6450-5938　FAX 03-6450-5978
info@naturalspirit.co.jp
https://www.naturalspirit.co.jp/

印刷所／シナノ印刷株式会社

ISBN978-4-86451-222-0 C0011